Martha Glass

»Jeder Tag in Theresin
ist ein Geschenk«

Martha Glass

»JEDER TAG IN THERESIN IST EIN GESCHENK«

Die Theresienstädter Tagebücher
einer Hamburger Jüdin 1943-1945

Herausgegeben von Barbara Müller-Wesemann

Landeszentrale
für politische Bildung

ZUR HERAUSGEBERIN:
Barbara Müller-Wesemann, Dr. phil., geb. 1944 in Einbeck, Studium der Anglistik und
Romanistik in Hamburg, 1970-1972 Pressereferentin der Universität Hamburg, Refe-
rendariat am Studienseminar in Hamburg, Gymnasiallehrerin, seit 1987 wissenschaftliche Mitarbeiterin am Institut für Theater, Musiktheater und Film der Universität Hamburg.

DIE LANDESZENTRALE FÜR POLITISCHE BILDUNG
ist ein Amt der Senatskanzlei der Freien und Hansestadt Hamburg. Sie arbeitet auf über-
parteilicher Grundlage und mit verschiedenen Bildungsgesellschaften zusammen. Die
Veranstaltungen dieser Bildungsgesellschaften stehen grundsätzlich allen offen.
Jede Hamburger Bürgerin und jeder Hamburger Bürger kann sich bei der Landeszentrale kostenlos Informationen holen; seien es Veröffentlichungen der Bundeszentrale –
z.B. zur Parteiendemokratie, zu Frieden und Sicherheit, Gesellschaft/Wirtschaft und
Umwelt, zur Geschichte der Bundesrepublik Deutschland – oder auch die mehr wissenschaftlichen Beiträge in der »Beilage zum Parlament«; man kann aber auch Eigenveröffentlichungen der Landeszentrale bekommen. Eigenveröffentlichungen der letzten Jahre
sind erschienen z.B. zu Fragen der Hamburger Geschichte; es gibt auch Material bei-
spielsweise zur EU und zu weiteren Themen.

Die Geschäftsstelle der Landeszentrale befindet sich in der Straße
Große Bleichen 23, 20354 Hamburg
III. Stock (über der Verbraucherzentrale)
Tel: 040 / 36 81-21 43
Die Öffnungszeiten sind:
montags bis mittwochs 11.00 bis 13.00 Uhr/15.00 bis 16.00 Uhr
donnerstags und freitags 11.00 bis 13.00 Uhr/14.30 bis 15.30 Uhr

Die Deutsche Bibliothek – CIP Einheitsaufnahme

Glass, Martha:
"Jeder Tag in Theresin ist ein Geschenk": die Theresienstädter
Tagebücher einer Hamburger Jüdin 1943-1945 / Martha Glass.
Hrsg. von Barbara Müller-Wesemann. [Landeszentrale für
politische Bildung]. - 1. Aufl. - Hamburg: Ergebnisse, 1996
ISBN 3-87916-034-1
NE: Müller-Wesemann, Barbara [Hrsg.]

© Copyright 1996 Landeszentrale für politische Bildung
© Copyright 1996 Ergebnisse Verlag GmbH,
Abendrothsweg 58, 20251 Hamburg
Umschlag, Satz und Typographie:
Michael Herold, Itzehoe
Umschlagmotiv in Anlehnung an die Theresienstädter »Ghetto-Kronen«
Schrift: Akzidenz-Grotesk und Sabon
Druck: Druckerei Runge, Cloppenburg
1. Auflage
ISBN 3-87916-034-1

INHALT

—— Hermann Glass

—— Martha Glass

EINLEITUNG

Auch Bücher, so sagt ein lateinisches Sprichwort, haben ihre Schicksale, aber nicht immer, so sagt uns die Erfahrung, sind ihre Schicksale besonders dramatisch oder spektakulär. Gewiß, manchmal hören wir von aufregenden Funden längst verloren geglaubter Manuskripte auf Dachböden, in Kellerecken oder Mauereinschlüssen; oft aber sind sie – gedruckte oder handgeschriebene Zeugnisse vergangener Zeiten – zum Greifen nah, so selbstverständlich da, daß man sie gar nicht wahrnimmt, und es bedarf zuweilen eines besonderen Anlasses, der sie uns rein zufällig in die Hände spielt. Was immer der Grund dafür sein mag, binnen kurzem jedenfalls spüren wir, daß wir etwas vor uns haben, was wir nicht einfach wieder zur Seite legen können.

Im Zusammenhang mit einer längeren Arbeit über jüdische Künstler in Hamburg zur Zeit des Nationalsozialismus ging ich jedem Hinweis nach, der mir auf meiner Spurensuche neue Erkenntnisse über jene Schauspieler, Musiker, Tänzer, Kabarettisten und Maler zu bringen versprach. Einer von ihnen war Paul Wilhelm (Pollo) Adler, Sohn des Hamburger Künstlers und Hochschullehrers Friedrich Adler. Paul Wilhelm Adler hatte zunächst als Keramiker in der Hansestadt gearbeitet und sich Ende der 30er Jahre als Musiker dem Jüdischen Kulturbund in Berlin angeschlossen. Von dort aus wurde der Sechsundzwanzigjährige 1941 von den Nationalsozialisten nach Theresienstadt, anschließend nach Auschwitz deportiert und ermordet. Niemand konnte mir über die letzten Stationen seines Lebens Auskunft geben, bis ich eines Tages von einem Augenzeugenbericht hörte, demzufolge Pollo Adler in Theresienstadt gesehen worden war. Ein Augenzeugenbericht? Vielmehr die Eintragung in einem Tagebuch, geschrieben in Theresienstadt. Seine Autorin, die Hamburgerin Martha Glass, hatte einst zum Freundeskreis der Familie Adler gehört. Wie Pollo Adler war auch sie nach Theresienstadt deportiert worden und hatte den jungen Künstler bei einem Konzert des Lagerorchesters wiedererkannt. Martha Glass überlebte das Lager; seit ihrem Tod im Jahre 1959 bewahrte ihre Tochter, Ingeborg Tuteur, das Tagebuch der Mutter auf. Erst vor kurzem übergab sie es dem Hamburger Staatsarchiv.

Drei kleine Oktavhefte liegen vor mir – viel zu klein, scheint mir, für die große und energisch wirkende Handschrift. Für Zwischenräume, Absätze oder Ränder ist kein Platz. Wo aber befindet sich die Stelle über Pollo Adler? Ein flüchtiges Durchblättern ist nicht möglich, und so nehme ich das erste Heft zur Hand und lese: »1943 – Mein Tagebuch. Am 19. Januar ging Hermann heim, an schwerem Durchfall, Herzschwäche infolge Hungers, an dem wir alle furchtbar leiden. Das Leben in Theresienstadt geht weiter.«

Drei unscheinbare leere Hefte – sie gehörten zu dem wenigen Besitz, der Martha Glass aus Hamburg geblieben war – können gewiß keinen geliebten Menschen ersetzen, aber in dieser Situation der Gefangenschaft und des Ausgeliefertseins sind sie Gesprächspartner und Vertrauter zugleich. Noch zweieinhalb Jahre wird das Leben in Theresienstadt für Martha Glass dauern, rund 30 Monate, in denen sie immer wieder ihre Erlebnisse und Beobachtungen, ihre Gefühle und geheimen Gedanken niederschreiben und über ihr eigenes Verhalten Rechenschaft ablegen wird.

Die Politik der Machthaber war es, die Welt über den millionenfachen Mord zu täuschen und die Spuren der grenzenlosen Barbarei immer wieder zu beseitigen; Aufzeichnungen wie die mir vorliegenden waren daher lebensgefährlich, und ihre Entdeckung hätte für die Chronistin den sicheren Tod bedeutet. Aber waren sie in dem von Elend, Hunger und Angst beherrschten Lageralltag nicht zugleich auch lebensrettend, ein Mittel gegen psychische Selbstaufgabe und innerliche Vereinsamung? Das Tagebuchschreiben, so heißt es in einer Edition von Tagebüchern aus dem Zweiten Weltkrieg, entlastet vom Druck der ungesagten Worte. Tagebücher erzählen – in einem doppelten Sinn – Geschichten vom Überleben:

Menschen schreiben von ihrer Anstrengung, in einer mörderischen Zeit am Leben zu bleiben: im Trommelfeuer an der Front, zu Hause im Bombenhagel, in der Zwangsgemeinschaft des Gefangenenlagers, auf der Flucht und im Chaos des Jahres 1945. Überleben heißt aber auch, daß die Tagebuchschreiber – wie jeder professionelle Autor – von der gleichen Kraft getrieben werden: vom leidenschaftlichen Wunsch, sich schreibend zu retten.[1]

---

1 Mein Tagebuch. Geschichten vom Überleben 1939-1947. Herausgegeben von Heinrich Breloer. Köln 1984, S.7.

Anders als in Memoiren ist das diaristische Erzählen nicht von den späteren Einsichten des Rückblickenden geleitet, anders als in einer Autobiographie, in der die persönlichen Erlebnisse eines bestimmten Lebensabschnittes in den Horizont einer kontinuierlich dargestellten Lebensgeschichte integriert und nicht selten als Auslöser oder Beweis für spätere Entwicklungen gedeutet werden, stehen in einem Journal die täglich oder unregelmäßig festgehaltenen Eindrücke unverbunden nebeneinander. Sie vermögen nur den jeweiligen Augenblick zu skizzieren und geben das Geschehen so wieder, wie es sich dem Autor zum Zeitpunkt der Niederschrift darstellt. Gerade diese Konzentration auf kurze Zeitausschnitte und das fehlende Wissen über Zusammenhänge und Folgen von Ereignissen und Handlungen machen die Einzigartigkeit und Authentizität eines Tagebuchs aus. Hätte Martha Glass statt eines Tagebuchs später eine Autobiographie geschrieben, so wäre dem Leser ein ganz anderer, in jedem Fall distanzierterer Eindruck von Theresienstadt vermittelt worden. Viele Details des ganz »normalen« Tagesablaufs wären längst in Vergessenheit geraten oder aus der Entfernung für nicht berichtenswert befunden worden. So aber erschließt sich uns in dem vorliegendem Journal die Wirklichkeit der Gefangenschaft in ihren ganz alltäglichen Erscheinungen und läßt, nicht zuletzt durch die teilweise stereotype Wiederholung »banaler« Einzelheiten wie Essensplänen, Inhalten von Paketen oder Hygienevorkehrungen, erkennen, welche Bedeutung in Zeiten äußerster Not so elementaren Über-Lebensbedingungen wie Essen, Sauberkeit und Gesundheit zukommt.

In Theresienstadt wie in anderen Konzentrations- und Vernichtungslagern wurden, ungeachtet der Gefahr, die damit verbunden war, Tagebücher geschrieben; viele sind erhalten und können heute in den Archiven und Gedenkstätten eingesehen werden. Im Gegensatz zu den Autobiographien und Erinnerungen aus der Zeit des Nationalsozialismus, deren Zahl in den achtziger Jahren ins fast Unüberschaubare gewachsen ist, sind sie jedoch nur selten publiziert worden.[2] Tagebücher aus Theresienstadt, geschrieben von einem Hamburger oder einer Hamburgerin, befinden sich gar nicht darunter. Mehr als 50 Jahre nach Kriegsende gibt es nun zum ersten Mal eine solche Publikation. Auch das ist das Besondere am vorliegenden Dokument.

---

2   Siehe nächste Seite.

MARTHA UND HERMANN GLASS
Leben in Hamburg bis 1933

Martha Glass wurde am 31. Januar 1878 als Martha Stern in Mönchen-Gladbach, damals noch München-Gladbach, geboren und wuchs mit zwei Brüdern und einer Schwester auf. Der Vater war von Beruf Kaufmann, die Mutter Hausfrau.

Martha war sehr sportlich, spielte Tennis, ging schwimmen und fuhr Fahrrad, was Ende des letzten Jahrhunderts bei Mädchen und Frauen nicht unbedingt üblich war. Der Vater ermöglichte seiner musikalischen Tochter im Anschluß an das Lyceum, das sie mit der Mittleren Reife abschloß, eine Ausbildung als Sängerin und Pianistin in Düsseldorf.

In ihrer Heimatstadt lernte Martha Stern 1902 den 39jährigen Hermann Glass[3] kennen; er stammte aus Stanowitz bei Breslau, lebte aber bereits seit einigen Jahren in Hamburg. Hier hatte er 1899 ein Geschäft für Damenkonfektion an der Stadthausbrücke eröffnet, in einem der damals vornehmsten Wohn- und Geschäftshäuser der Hamburger Innenstadt, dem sogenannten »Millionenbau«.[4]

Am 9. August 1903 heiratete das Paar und ließ sich in Hamburg nieder. Im Laufe der 39 Jahre, die Martha und Hermann Glass in der Hansestadt verbringen sollten, wohnten sie in den Stadtteilen Rotherbaum – Eppendorf – Harvestehude, jenen Vierteln also, in denen ein Großteil des jüdischen Bürgertums zu Hause war.[5] 1904

---

2   Die erste Publikationswelle von Autobiographien Verfolgter gab es unmittelbar nach Kriegsende. In den 50er, 60er und 70er Jahren wurde auf diesem Gebiet vergleichsweise wenig publiziert. Dann setzte eine wahre Flut von Veröffentlichungen ein: Zwischen 1980 und 1989 erschienen 50% aller in den Westzonen und der Bundesrepublik veröffentlichten Verfolgungsberichte (Angaben von Dr. Rolf Krause, Literaturwissenschaftliches Seminar der Universität Hamburg, in einer Vorlesung am 23.11.1995). Ich möchte in diesem Zusammenhang auch auf zwei Tagebücher aus dem Ghetto Lodz hinweisen: Das Ghettotagebuch des Dawid Sierakowiak. Aufzeichnungen eines Siebzehnjährigen 1941/42, Leipzig 1993; Oskar Rosenfeld, Wozu noch Welt. Aufzeichnungen aus dem Getto Lodz. Herausgegeben von Hanno Loewy, Frankfurt/Main 1994.

3   (8.11.1863-19.1.1943)

4   Der »Millionenbau« wurde 1889-90 von den Architekten Hallier und Fittschen erbaut und erhielt seinen Namen auf Grund der bis dahin ungewöhnlich hohen Baukosten. Im 2. Weltkrieg wurde das Gebäude zerstört. Heute steht an derselben Stelle ein modernes Gebäude.

5   70% der jüdischen Bevölkerung lebten Anfang der 30er Jahre in den Stadtteilen Harvestehude, Rotherbaum, Eppendorf und Eimsbüttel. Martha und Hermann Glass wohnten nacheinander Hansastraße 74, Isestraße 6, Beim Andreasbrunnen 5 und Abteistraße 35.

Martha und Hermann Glass mit ihrer Tochter Edith an der Elbe, Ostern 1939.

Ingeborg Glass um 1937

wurde ihre Tochter Edith geboren, 1912 die zweite Tochter, Ingeborg.

Ein Jahr zuvor hatte Hermann Glass ein Modegeschäft an der Mönckebergstraße/Ecke Bergstraße eröffnet. Er war zugleich Bauherr und Eigentümer des gesamten Gebäudes; Fritz Höger, der künftige Erbauer des Chilehauses, war sein Architekt. Das Haus erhielt den Namen seines Bauherrn und die Bezeichnung »Haus Glass« wurde als Mosaik in den Bürgersteig eingelassen.[6] Bereits 1912 ging das Modegeschäft in Konkurs und Hermann Glass wurde Haus-, Hof- und Gütermakler. Er erwarb Immobilien und verpachtete sie, so u.a. das Restaurant »Reichskanzler« an den Colonnaden/Ecke Große Theaterstraße.[7] In den 20er Jahren leitete er darüber hinaus eine Handelsvertretung; sein Büro befand sich weiterhin in seinem Haus an der Mönckebergstraße. Hermann und Martha Glass waren überzeugte Demokraten; Hermann wählte sozialdemokratisch, Martha die linksliberale Deutsche Demokratische Partei (DDP).

Das Ehepaar hatte einen großen Bekannten- und Freundeskreis; zu ihm zählten u.a. die Familien Robinsohn und Hirschfeld[8] – beide besaßen große Konfektionshäuser in der Hamburger Innenstadt–, die Familie Karlsberg (Generalvertreter der britischen Cunard-Linie für Deutschland), der Hamburger Repräsentant des Berliner Ullstein-Verlages, Felix Wolff, und seine Frau Martha, Max Samson und seine Frau Rose, Familie Leon Ekert (Import von Sportgeräten), der Zahnarzt Dr. Max Brandenstein und Frau, Arthur und Hedwig Martienssen, Johannes und Jenny Kahn. Hermann Glass war ein leidenschaftlicher Skatspieler, Martha spielte Bridge. Da sie gallenleidend war, fuhr sie regelmäßig zur Kur, u.a. nach Karlsbad.

In den bürgerlichen Kreisen jener Zeit galt eine Künstlerkarriere, verbunden mit öffentlichen Auftritten, für eine Frau als unpassend, und so verstand es sich von selbst, daß Martha Glass auf die Ausübung ihres Berufes verzichtet hatte. Gleichwohl war sie in ihrem Herzen immer Künstlerin; ihr Ausspruch: »Das einzige, was

---

6 Das Mosaik hat den Nationalsozialismus und den Krieg unbeschadet überstanden und noch in den 50er Jahren existiert.

7 Auch heute befindet sich an diesem Ort ein Restaurant.

8 Im Zuge der »Arisierung« jüdischer Firmen waren die Gebrüder Hirschfeld Ende 1938 gezwungen, ihr Modehaus am Neuen Wall aufzugeben. Übernommen wurde das Haus von der Firma Franz Fahning. Anfang 1939 mußten auch die Gebrüder Robinsohn ihr Geschäft Poststraße/Neuer Wall »verkaufen«.

—— Modehaus Glass, Mönckebergstraße/Bergstraße.

mich interessiert, ist die Musik!« ist ihren Kindern immer in Erinnerung geblieben. Das Musikhaus Steinway engagierte sie zeitweise als Pianistin und ließ sie potentiellen Käufern in ihrem privaten Musiksalon Steinway-Flügel vorführen. Im übrigen sang und spielte sie nur im Kreise der Familie oder vor Freunden und gehörte mit ihren beiden Töchtern dem Tempelchor des Liberalen Israelitischen Tempelverbandes an.[9] Sie war Mitglied der Singakademie, einer »Vereinigung von Freunden der Tonkunst zum Zwecke des Studiums und der Aufführung ernsten, vorzugsweise religiösen Gesanges«[10], die am Bußtag, während des Winters und in der Osterwoche öffentliche Konzerte in der Musikhalle und im Michel gab und vom Philharmonischen Orchester begleitet wurde; Ende der zwanziger Jahre wurde der Chor von dem renommierten Dirigenten Eugen Papst geleitet. Martha Glass hatte ein Abonnement in der Oper und besuchte auch sonst die Theater in der Hansestadt. Ihre Lieblingskomponisten waren Richard Strauss und Gustav Mahler, ihre Lieblingsoper war Bizets »Carmen«.[11]

Diffamierung, Entrechtung und Ausgrenzung

Der Leidensweg der jüdischen Bevölkerung begann bereits viele Jahre vor den 1941 im großen Umfang einsetzenden Deportationen in die Konzentrations- und Vernichtungslager, denn der NS-Staat etablierte sich im Zeichen von rassistischer Propaganda und organisiertem Terror. Dieser erreichte am 1. April 1933 seinen ersten Höhepunkt: Die Bevölkerung wurde zum Boykott jüdischer Geschäfte, Arzt- und Rechtsanwaltspraxen aufgerufen; SA-Männer standen vor den Eingängen Wache, und zahllose Schaufenster wurden beschmiert. Am 10. Mai gaben studentische Verbände die Parole 'Wider den undeutschen Geist' aus und verbrannten die Werke jüdi-

---

9   Der Tempelverband war einer von drei Kultusverbänden, die für die religiösen Interessen der jüdischen Bürger Hamburgs zuständig waren. 1931 wurde der neue Tempel in der Oberstraße eingeweiht (heute Studio 10 des NDR). Der traditionsreiche Tempelchor stand im Dienst des Liberalen Tempelverbandes und wurde seit 1925 von Georg de Haas geleitet.

10   So die offizielle Bezeichnung.

11   Marthas Stimmlage war Mezzosopran. So liegt es nahe, daß sie sich gerade auch mit der Rolle der Carmen sehr identifiziert hat.

scher und linker Autoren auf dem Scheiterhaufen.[12] Der Staat erließ
eine Flut von rassistischen Gesetzen. Mit dem 'Gesetz zur Wieder-
herstellung des Berufsbeamtentums' vom 7. April 1933 wurden alle
jüdischen Beamten aus dem öffentlichen Dienst, aus Schulen, Universität, Verwaltung, Gerichten, Theatern, Orchestern, aus Vereinen
und Berufsverbänden entlassen. Am 15. September 1935 verabschie-
deten die Nationalsozialisten auf ihrem Reichsparteitag in Nürnberg
zwei Gesetze, mit denen die Diskriminierung und der Ausschluß der
deutschen Juden aus der Gesellschaft legalisiert wurden. Zum einen
geschah dies mit dem »Reichsbürgergesetz«, das den Juden die politischen Rechte, d.h. die rechtliche Gleichstellung aberkannte, zum
zweiten mit dem »Gesetz zum Schutze des deutschen Blutes und der
deutschen Ehre«, das Eheschließungen oder außereheliche Beziehun-
gen zwischen Juden und Nichtjuden untersagte. Das Übertreten dieses Gesetzes wurde als sogenannte »Rassenschande« schwer bestraft.

Viele kleinere jüdische Geschäftsleute waren gezwungen, ihr
Unternehmen zu schließen oder an Nichtjuden zu verkaufen. Jüdische
Unternehmer wurden von den Behörden generell streng überwacht,
der geringste Verstoß gegen die Vorschriften zog strenge Strafen nach
sich. Wer emigrieren wollte, mußte ein Viertel seines Vermögens als
»Reichsfluchtsteuer« zurücklassen. Im April 1938 hatte jeder Jude
sein gesamtes Vermögen über RM 5000.- (incl. Hausrat, Schmuck,
Versicherungen) anzumelden. Jede Verpachtung oder Veräußerung
jüdischen Besitzes bedurfte der behördlichen Genehmigung. Jüdische
Künstler, die an städtischen und privaten Theatern sowie in Orchestern beschäftigt waren, wurden, von ganz wenigen Ausnahmen
abgesehen, in den ersten Jahren nach der Machtübergabe an Hitler
entlassen. Diejenigen unter ihnen, die an ihrem Beruf festhalten wollten, hatten nur die Wahl, zu emigrieren oder sich aktiv im Jüdischen
Kulturbund zu engagieren. Der Kulturbund war das einzige Forum,
das nach 1933 in über 80 deutschen Städten unter strenger Kontrolle
der NS-Behörden einem ausschließlich jüdischen Publikum ein
umfangreiches künstlerisches Programm mit Theater, Konzerten,
Ausdruckstanz, Kabarett, Vorträgen und Kunstausstellungen bot. In
Hamburg wurde er 1934 eröffnet. Felix Wolff war eines seiner Vor-

---

12 In Hamburg fanden die Bücherverbrennungen am 15. und 30. Mai 1933 statt.
   An dem Autodafé Ende Mai beteiligten sich auch die Hitler-Jugend und der
   Deutsch-Nationale Handlungsgehilfenverband.

standsmitglieder. Ingeborg Glass, die ihr Studium der Romanistik, Theater- und Zeitungswissenschaften in München wegen ihrer jüdischen Herkunft hatte abbrechen müssen, engagierte sich im Hamburger Kulturbund als Sekretärin und »Scriptgirl«. Auch Hermann und Martha Glass hatten sich dem Bund angeschlossen und besuchten seine Veranstaltungen. Zu ihren Freunden gehörten der Dirigent und Chef des Frankfurter Kulturbund-Orchesters, Hans-Wilhelm Steinberg, und der populäre Kabarettist des Berliner Kulturbundes, Max Ehrlich. Wenn diese beiden Künstler auf der jüdischen Bühne in Hamburg gastierten, wohnten sie bei den Glassens. Die nicht nur politisch, sondern auch wirtschaftlich ständig in ihrer Existenz bedrohte Künstler- und Zuschauervereinigung war sowohl auf finanzielle Unterstützung als auch auf Sachspenden angewiesen. Martha Glass stellte u.a. Teile ihres Haushalts, Möbel oder Geschirr, als Requisiten für die Theateraufführungen zur Verfügung.[13]

Im Spätherbst 1938 wurde den Juden das Leben in Deutschland zunehmend erschwert. Am 28. Oktober 1938 wurden alle in Deutschland lebenden polnischen Juden über die polnische Grenze abgeschoben, darunter auch die Eltern und Geschwister von Herschel Grynszpan aus Hannover. Der junge Grynszpan selbst befand sich in Paris; als er von der Deportation der Eltern erfuhr, erschoß er den deutschen Botschaftsangehörigen Ernst vom Rath und lieferte mit dieser Tat den Vorwand für die Pogrome vom 9. auf den 10. November 1938. SA und SS schändeten rund 400 Synagogen und zerstörten rund 7500 jüdische Geschäfte; fast 100 Menschen wurden ermordet, etwa 30.000 jüdische Männer in Konzentrationslager verschleppt. Auf die »Reichskristallnacht«, wie die Novemberpogrome heute immer noch verharmlosend genannt werden, folgten zahlreiche antijüdische Maßnahmen. Die jüdische Bevölkerung mußte für sämtliche Schäden aufkommen; als »Sühneleistung« für den Mord an vom Rath wurde die Zahlung von 1 Milliarde Reichsmark verlangt, und jeder jüdische Bürger mußte 25% seines Vermögens beisteuern. Außerdem wurden fällige Versicherungsleistungen in Höhe von 225 Mio RM vom Staat einbehalten, und schließlich hatten die Juden das »Straßenbild wiederherzustellen«.

---

13 Zum Hamburger Kulturbund s. Barbara Müller-Wesemann: Theater als geistiger Widerstand. Der jüdische Kulturbund in Hamburg 1934-1941. Ein Beitrag zur Geschichte seiner Organisation und seiner künstlerischen Arbeit. Erscheint im Herbst 1996 bei Metzler/Stuttgart.

Bis Kriegsbeginn im September 1939 waren die Juden aus allen deutschen Wirtschaftszweigen vertrieben und damit so gut wie jeder beruflichen Existenzmöglichkeit beraubt. Alle jüdischen Betriebe und Einzelhandelsgeschäfte wurden geschlossen bzw. »zwangsarisiert«, kein Jude durfte von nun an über sein Vermögen frei verfügen. Jüdische Verlage, Buchhandlungen und Vereinigungen wurden aufgelöst. Bereits 1933 war Hermann Glass wie alle jüdischen Makler aus dem 'Reichsbund deutscher Makler' ausgeschlossen worden, bis 1938 jedoch noch im Besitz einer Zulassung als Hypotheken-Makler. Von diesem Zeitpunkt an war es ihm nicht mehr gestattet, eine Berufsbezeichnung hinter seinem Namen zu führen.

Im August 1939 wurde das Geschäftshaus in der Mönckebergstraße /Ecke Bergstraße im Zuge der »Arisierung« an einen Hamburger Kaufmann zwangsverkauft. Die Verkaufssumme wurde vom neuen Eigentümer auf ein »Sicherungskonto« überwiesen, über das Hermann Glass nur mit Zustimmung des Oberfinanzpräsidenten, also gar nicht verfügen konnte. Hermann Glass mietete sich nun im Haus an der Mönckebergstraße ein Kontor und ging den Verwaltungsaufgaben nach, die ihm noch geblieben waren. Im Juni mußte er ein weiteres Haus am Steindamm/Kleiner Pulverteich verkaufen, dessen Eigentümer er zur Hälfte war;[14] Ende Juni 1941 wurde er gezwungen, sein Büro aufzugeben.

Hermann und Martha Glass lebten sehr zurückgezogen und hielten sich fast nur noch in ihrem Haus in der Abteistraße auf. Ihre älteste Tochter Edith hatte nach dem Tod ihres ersten Mannes wieder geheiratet und lebte mit ihrem nichtjüdischen Ehemann Reinhard Benecke und ihrer Tochter aus erster Ehe in Berlin.[15] Die jüngere Tochter Inge war 1938 nach Italien emigriert und hatte dort ihren späteren Ehemann, Edgar Tuteur, kennengelernt.[16] Auch der Bekannten- und Freundeskreis war auf Grund von Auswanderungen inzwischen sehr viel kleiner geworden. Bis 1937 waren 30% der deutschen Juden emigriert, in der Mehrzahl die Jüngeren unter ihnen. Nach den Pogromen vom November 1938 setzte eine, von den Nazis

14   Staatsarchiv Hamburg [im folgenden: StaHH]: Oberfinanzpräsident R 1938/3149.
15   Renate, geboren 1926, war jüdisch und mußte seit Beginn der Deportationen versteckt leben.
16   Martha hatte ihre Tochter Inge 1938 in Neapel besucht. Die deutschen Juden besaßen zu diesem Zeitpunkt eigentlich keine Pässe mehr; die Nationalsozialisten hatten Martha Glass bei der Konfiszierung der Pässe jedoch übersehen.

—— **Wohnhaus der Familie Glass, Abteistraße 35**

auch so beabsichtigte, Massenflucht ein.[17] Nachdem im September 1939 für Juden ein Ausgangsverbot ab 20.00 Uhr verhängt worden war, wurde die Vereinsamung der Betroffenen immer größer. Niemand wagte es, offen über den Terror zu reden, und so umschrieb der Vater in einem Brief an seine Tochter Inge die Situation mit den folgenden Worten: »Im übrigen sind Mutter und ich infolge des 8 Uhr Ladenschlusses stets im Hause.«[18]

Gegen die noch in Deutschland lebenden Juden richteten sich auch im privaten Bereich zahllose Sanktionen, die eine totale De-mütigung, Ausplünderung, Entrechtung und Isolierung zum Ziel hatten.

– So durften jüdische Schüler seit Ende 1938 keine nichtjüdischen Schulen mehr besuchen,[19] Ende April 1942 wurde der Unterricht für jüdische Kinder in Hamburg ganz verboten.

– Der Besuch von öffentlichen Theatern, Konzerthäusern und Kinos wurde im November 1938 untersagt.

– Führerscheine wurden eingezogen.

– Der Besuch von Sportplätzen, Freibädern und Lesehallen war ver-boten.

– Seit dem 1. Januar 1939 hatte jede Jüdin ihrem Vornamen den Namen Sara, jeder Jude seinem Vornamen den Namen Israel hin-zuzufügen.

– Juden mußten eine Kennkarte, die mit einem großen J versehen war, bei sich tragen.

– Für Juden bestand kein Mieterschutz mehr; jüdische Vermieter durften nur an Juden vermieten.

– Im Februar 1939 mußten sämtlicher Schmuck, Gold und Silber abgegeben werden; die sogenannte »Entschädigung« ging auf ein Sperrkonto.

– Seit dem 1. September 1939 wurde für Juden zwischen 20 Uhr und 6 Uhr (im Sommer 21 bis 5 Uhr) eine Ausgangssperre ver-hängt.

– Sämtliche Radios wurden beschlagnahmt.

---

17 Von 1933 bis 1937 emigrierten knapp 130.000, von 1938-1940 knapp 150.000 Juden aus Deutschland.

18 Brief an Inge Tuteur vom 8.5.1940.

19 Nach 1933 gab es in Hamburg zwei jüdische Schulen, die Talmud-Tora Schule, Grindelhof 30 (gemischtes Gymnasium) und die Mädchenschule Carolinenstr. 35. Die Schule Carolinenstr. wurde am 1.4.1939 aufgelöst, die Talmud-Tora-Schule zog dort im September 1939 ein.

- Im Dezember 1939 erhielten Juden gesonderte Lebensmittelkarten[20], die Kleiderkarten wurden ihnen entzogen. Es gab für sie keine Sonderzuteilungen (Fett, Hülsenfrüchte, Konserven, Süßigkeiten). Seit 1940 waren sie von der Verteilung der sogenannten »Mangelware« wie Fisch, Wild, Geflügel, Obst, Zwiebeln ausgeschlossen. Seit Mitte 1942 erhielten sie weder Eier noch Nüsse, Schokolade, Tomaten, Apfelsinen und Milch; nur für Kinder gab es noch Magermilch.
- Im Juli 1940 wurden für Juden gesonderte Verkaufsstellen in Eppendorf, Eimsbüttel und am Grindel eingerichtet. Es war ihnen verboten, andere Geschäfte zu betreten; seit Mitte 1942 hatte nur noch ein Laden geöffnet.
- Seit August 1940 war es Juden verboten, den Elbstrand an Wochenenden zu betreten.
- Die Hausgemeinschaften zwischen Juden und Nichtjuden wurden sukzessive aufgelöst.
- Seit dem 30. September 1940 waren die Juden nicht mehr ans Telefonnetz angeschlossen; die Benutzung öffentlicher Telefone wurde im Dezember 1941 verboten.
- Seit dem 15. September 1941 mußte jeder Jude ab 6 Jahren in der Öffentlichkeit den »Judenstern« tragen. Ausgenommen von dieser Maßnahme waren Juden in sogenannten »privilegierten Mischehen«, d.h. Jüdinnen mit einem nichtjüdischen Ehemann, bzw. Juden mit einer nichtjüdischen Ehefrau und Kindern.
- Seit September 1941 durften Juden ihren Wohnort nur noch mit polizeilicher Genehmigung verlassen.
- Seit spätestens Oktober 1941 waren alle Juden zwischen 15 und 65 Jahren zu Zwangsarbeit herangezogen.
- Im November 1941 wurden Schreibmaschinen, Fahrräder, Photoapparate und Ferngläser aus jüdischem Besitz beschlagnahmt.
- Seit Dezember 1941 war es Juden verboten, über ihr Vermögen zu verfügen. Die Bankkonten wurden gesperrt, und es wurde monatlich nur ein bestimmter Betrag für den Unterhalt freigegeben.

---

20   In Deutschland war mit Kriegsbeginn der freie Verkauf von Lebens- und Genußmitteln, Kleidung und anderen Waren aufgehoben. Die Waren waren rationiert und konnten nur mit Bezugskarten gekauft werden.

– Im Januar 1942 mußten alle Pelz-, Ski- und Wollsachen abgeliefert werden, im Sommer desselben Jahres sämtliche elektrischen Geräte, Plattenspieler und Schallplatten.
– Seit dem 1. April 1942 mußten die Hamburger Juden in sogenannte »Judenhäuser« ziehen. Grundsätzlich wohnten mindestens zwei Personen in einem Zimmer, pro Person standen ihnen 6 m² Wohnfläche zu.[21]
– Seit April 1942 durften nur noch Juden, die Zwangsarbeit leisteten, öffentliche Verkehrsmittel benutzen.
– Es war verboten, sich in den Wartesälen der Bahnhöfe aufzuhalten.
– Es war verboten, nichtjüdische Zeitungen zu beziehen und nichtjüdische Bücher zu kaufen.
– Es war verboten, Haustiere zu halten.
– Es war verboten, zu nichtjüdischen Friseuren zu gehen.[22]

Ende 1940 lebten in Hamburg 7985 Juden, von ihnen waren 2010 Juden 0 bis 40 Jahre, 2812 Juden 40 bis 60 Jahre und 3163 Juden über 60 Jahre alt.[23] Hermann und Martha Glass gehörten zu der großen Gruppe der über 60jährigen. Die Frage, warum sie Deutschland nicht verlassen hatten, ist kaum zu beantworten. Der Grund für ihr Bleiben mag zum einen darin bestanden haben, daß sie, wie so viele Menschen ihrer Generation, in den ersten Jahren des Hitler-Regimes zunächst einmal die politische Entwicklung abgewartet hatten; die meisten waren der Meinung gewesen, daß »dieser Spuk« bald vorbei sein würde. In den späteren Jahren fiel es ihnen schwer, die Kraft und den Mut aufzubringen, sich im Ausland ohne Geld eine neue Existenz aufzubauen.[24] Überdies waren die Menschen mit den Verhältnissen in anderen Ländern und Kontinenten weit weniger vertraut als heute, und der Schritt in die Emigration bedurfte großer

---

21 Nicht einmal 300 Hamburger blieben von dieser Aktion verschont; Hermann und Martha Glass gehörten aber dazu. Sie wohnten bis zu ihrer Deportation in ihrem Haus in der Abteistraße.

22 Dies ist lediglich eine Auswahl der erfolgten Entrechtungsmaßnahmen. Ausführlich bei: Bruno Blau, Das Ausnahmerecht für die Juden in Deutschland 1933-1945. Düsseldorf 1965.

23 Ende 1942 wurden in Hamburg noch 1805 Juden gezählt; das waren 8% der Juden, die 1925 in der Hansestadt gelebt hatten.

24 Siehe nächste Seite.

23

Anstrengungen. Niemand ahnte das Schicksal der Juden, den Holocaust, voraus, ein jeder hoffte, das Terrorregime irgendwie zu überstehen. Gleichwohl scheint Hermann Glass einen Antrag auf Auswanderung für sich und seine Frau gestellt zu haben, dem die Behörden ihre Zustimmung verweigerten. In einem Brief an seine Tochter Inge schrieb er am 13. Mai 1941:

Mutter ist kein Auswanderungsmensch; sie verzichtet ungern.
Ich selbst, liebe Inge, kann mich überall hineingewöhnen,
nur arbeiten muß ich können, denn das ist mein Lebens-
element seit meinem 13. Jahr. Heute aber versagen die Kräfte.
Unsere Wanderung ist seit fast 1 1/2 Jahren registriert, ob sie
mal fällig wird, wissen die Götter. In einem Kloster unterkom-
men, jenseits von Gut und Böse, wie es zu seiner Zeit Hugo
von Hofmannsthal (Jude) getan hat, das wäre mein Fall und
Wunsch.[25]

Deportation aus Hamburg

Mit Datum vom 23.Oktober 1941 wurde Juden die Auswanderung aus Deutschland untersagt; zwei Tage später begannen die Deportationen. Bereits Ende Juli 1941 hatte Reichsmarschall Göring den Chef der Sicherheitspolizei und des SD, Reinhard Heydrich, beauftragt, einen Gesamtplan für die »Endlösung der Judenfrage« vorzulegen.[26] Auf der Wannseekonferenz am 20. Januar 1942 in Berlin (anwesend waren die SS, Vertreter des Justiz- und Innenministeriums und des Auswärtigen Amtes) wurde die bereits begonnene Vernichtung der Juden unter den NS-Behörden koordiniert. Rund 11 Millionen europäische Juden sollten in die von den Deutschen

---

24 Wer emigrierte, mußte nicht nur die sogenannte »Reichsfluchtsteuer« bezahlen, sondern durfte weder Wertpapiere noch größere Summen an Bargeld mitnehmen.

25 Hier handelt es sich vermutlich um ein Mißverständnis: Der österreichische Dichter Hugo von Hofmannsthal (1874-1929) trat nie in ein Kloster ein. 1908 kam er auf einer Griechenlandreise als Besucher in das Kloster des heiligen Lukas. Im Anschluß an diese Reise schrieb er darüber eine Hirten- und Klosteridylle, die wie die Beschreibung eines Paradieses anmutet. Sie wurde mit zwei anderen Prosastücken in »Augenblicke in Griechenland« veröffentlicht.

26 Siehe nächste Seite.

besetzten Gebiete im Osten deportiert werden. Juden im Alter von über 65 Jahren, gebrechliche jüdische Menschen ab 55 Jahren und jüdische Ehepartner aus nicht mehr bestehenden Mischehen sollten nach Theresienstadt, das sogenannte »Altersghetto«, geschickt werden. Auf Weisung des Reichssicherheitshauptamtes mußten die zu Deportierenden einen sogenannten »Heimeinkaufsvertrag« unterzeichnen, mit dem sie sich verpflichteten, für ihre »Wohnsitzverlegung« nach Theresienstadt sowie für Verpflegung und ärztliche Versorgung ihr gesamtes bewegliches Vermögen herzugeben. Die Deportation deutscher Juden nach Theresienstadt begann im Juni 1942.[27]

Für die Zusammenstellung der Transporte aus Hamburg verlangte der Chef des Judendezernats in der Gestapo-Leitstelle, Claus Göttsche, die Herausgabe der Steuerkartei der Jüdischen Gemeinde, der alle Hamburger Juden als Zwangsmitglieder angehörten. Der Befehl zur »Wohnsitzverlegung«[28] kam per Einschreiben, Absender war die Gestapo. Die Wohnung war sauber und aufgeräumt zu verlassen, der Wohnungsschlüssel mußte beim zuständigen Polizeirevier abgegeben werden. Zum festgesetzten Termin hatten sich die Betroffenen in einer »Sammelstelle« einzufinden. Sammelstellen waren die Provinzialloge in der Moorweidenstraße 36, die Volksschule Schanzenstr. 120, die Talmud-Tora-Schule, Grindelhof 20, das Gemeindehaus in der Beneckestraße und das Jüdische Gemeinschaftshaus, Hartungstr. 9/11.

Nur das Nötigste an Kleidung und Bettzeug sowie Verpflegung für drei Tage durften mitgebracht werden. Insgesamt sollte das Gepäck nicht mehr als 50 kg wiegen.

---

26 Das Reichssicherheitshauptamt (RSHA) mit dem Sicherheitsdienst der SS (SD) und der Sicherheitspolizei bestand seit September 1939. Heydrich war seit 1941 stellvertretender Reichsprotektor von Böhmen und Mähren; im Juni 1942 wurde er in Prag von einem tschechischen Emigranten erschossen. Sein Nachfolger war Ernst Kaltenbrunner; über ihm stand der Chef der SS, Heinrich Himmler, der Leiter der deutschen Polizei. Amt IV war die Gestapo, Leiter des Amtes IV B 4 war Adolf Eichmann.

27 Von Hamburg aus wurden insgesamt 17 Deportationen durchgeführt, davon 11 nach Theresienstadt. Die ersten Deportationen ab Oktober 1941 gingen nach Lodz (Litzmannstadt), Minsk und Riga. 8877 jüdische Hamburger wurden von den Nationalsozialisten ermordet oder starben durch Selbstmord. Vgl. das Gedenkbuch 'Hamburger jüdische Opfer des Nationalsozialismus. Bearbeitet von Jürgen Sielemann unter Mitarbeit von Paul Flamme. Veröffentlichungen aus dem Staatsarchiv der Freien und Hansestadt Hamburg. Hamburg 1995'.

28 Bei der ersten Deportation nach Lodz hatte man noch von »Evakuierung« gesprochen, danach war nur noch von »Abwanderung« die Rede. Deportationen nach Theresienstadt hießen »Wohnsitzverlegung«.

Bei der Ankunft in der Sammelstelle mußte ein Vermögensverzeichnis vorgelegt werden, und die gesamte Habe wurde kontrolliert. Angehörige der Gestapo konfiszierten Schmuck und Wertpapiere, die sich verbotenerweise im Gepäck befanden, und spätestens bei der Ankunft im Lager steckten SS und Wachpersonal die offiziell erlaubten 100 Reichsmark Taschengeld ein. In der Sammelstelle teilten Helfer der Jüdischen Gemeinde warme Kleidung und Essen aus, das in der Volksküche des Gemeinschaftshauses in der Hartungstraße, den heutigen Kammerspielen, zubereitet worden war. In den frühen Morgenstunden des folgenden Tages wurden die Menschen auf Lastwagen zum Hannöverschen Bahnhof[29] gefahren und von dort aus mit dem Zug nach Osten verschleppt. Familienangehörige, die nicht auf der Liste standen, konnten freiwillig mitkommen.

Am 24. November 1941 soll die Gestapo in Hamburg Hermann Glass versichert haben, er müsse »in Anbetracht seines Alters mit der Evakuierung« nicht rechnen.[30] Hermann Glass war zu diesem Zeitpunkt 78, seine Frau Martha 63 Jahre alt. Knapp acht Monate später erhielt das Ehepaar den Befehl, sich am 18. Juli 1942 zwecks »Wohnsitzverlegung« in der Sammelstelle einzufinden. Einen Tag später, am 19. Juli, wurden sie mit rund 800 anderen Hamburger Juden nach Theresienstadt deportiert, wo sie am folgenden Tag eintrafen.[31] Das Haus in der Abteistraße wurde versiegelt; Wohnungseigentum und Vermögen wurden gemäß Verfügung des Reichsstatthalters vom Oberfinanzpräsidenten »zugunsten des Deutschen Reiches« eingezogen.[32]

29 Der Hannöversche Bahnhof lag hinter dem Hauptbahnhof; er wurde im Krieg zerstört.
30 Dies geht aus einem Brief des Schwiegersohns vom 30.11.1941 hervor. StaHH, Oberfinanzpräsident R 1938/3149.
31 Der erste Transport von Hamburg nach Theresienstadt hatte vier Tage zuvor, am 15.7.1942, stattgefunden. Deportiert wurden dabei 925 Menschen.
32 StaHH, ebd.

Lfd. Nr.	Name	Vornamen	Geburtstag und -ort	Beruf	Wohnung	St.A.
185	Fuhr geb. Metzger	Caroline S.	18.4.68 Höchheim	–	Schlachterstr.40/42	D.R.
186	Gaede geb. Hirsch	Klara S.	18.1.65 Oldesloe	–	dto.	D.R.
187	Galewski	Marcus I.	17.3.70 Kempen	–	Johnsallee 29	D.R.
188	Galewski gb. Hirschfeld	Selma S.	12.10.80 Kasparus	–	dto.	D.R.
189	Galitzky	Jacob I.	9.10.62 Nicolajew	–	Schlachterstr.40/42	D.R.
190	Gerisch geb. Meyer	Betti S.	2.12.73 Hamburg	–	dto. 46	D.R.
191	Gillis geb. Wittenberg	Martha S.	19.5.76 Tilsit	–	Sonninstr.16 II	D.R.
192	Glaser	Louis I.	5.8.72 Hamburg	–	dto. 14	D.R.
193	Glaß	Hermann I.	8.11.63 Stanowitz	–	Abteistr.35	D.R.
194	Glass geb. Stern	Martha S.	31.1.78 München-Gladbach	–	dto.	D.R.
195	Glück	Ellen S.	19.4.24 Hamburg	–	Johnsallee 54	D.R.
196	Glück	Peter-Horst	14.11.25 Hamburg	–	Kielortallee 24 bei Cohn	D.R.
197	Götz	Agnes S.	27.5.69 Hamburg	–	Agnesstr.55	D.R.
198	Götz geb. Falk	Dorothea Flora S.	28.2.74 Hamburg	–	dto.	D.R.
199	Götz	Elsbeth S.	25.12.01 Hamburg	–	dto.	D.R.
200	Goldberg geb. Maass	Emma Sara	9.4.77 Bergholzhausen	–	Ostmarkstr.24	D.R.
201	Goldberg	Hugo I.	17.12.75 Arnsberg	–	dto.	D.R.
202	Goldmann geb. Meyer	Olga S.	6.2.72 Hamburg	–	Durchschnitt 8	D.R.
203	Goldschmidt	Arthur F.I.	30.4.73 Berlin	–	Reinbek,Kückallee 27	D.R.
204	Goldschmidt	Emil I.	30.8.67 Altona	–	Bogenstr.25	D.R.
205	Goldschmidt geb. Goldmann	Gertrud S.	18.5.71 Hamburg	–	Sonninstr.12	D.R.
206	Gottschalk	Marianne S.	5.3.66 Hamburg	–	Laufgraben 37	D.R.
207	Grimmann	Schura Sascha	8.10.03 Obodowka/Odessa	–	Hamburg-Rahlstedt Blücherstraße 34	S.

——— Auszug aus der Namensliste der Deportation nach Theresienstadt vom 19. Juli 1942.

D.R. = Deutsches Reich

StaHH: 522-1 Jüdische Gemeinden 992e 2, Bd. 5.

Erklärungen zum Stadtplan

L 1	= Seestraße
L 1a	= Kurze Straße
L 2	= Bahnhofstraße
L 3	= Lange Straße
L 4	= Hauptstraße
L 5	= Parkstraße
L 6	= Wallstraße
Q 1	= Bäckergasse
Q 2	= Jägergasse
Q 3	= Badhausgasse
Q 4	= Neue Gasse
Q 5	= Turmgasse
Q 6	= Rathausgasse
Q 7	= Berggasse
Q 8	= Postgasse
Q 9	= Egergasse
A II	= Jägerkaserne (Männer)
A IV	= Heeresbäckerei (Zentrallager)
C III	= Hamburger Kaserne (Holländer)
B IV	= Hannover Kaserne (Männer)
B V	= Magdeburger Kaserne (Selbstverwaltung)
E I	= Sudetenkaserne (Berliner Dienststelle)
E IIIa	= Geniekaserne (Krankenhaus und Altersheim)
E VI	= Hohenelber Kaserne (Zentralkrankenhaus)
E VII	= Kavalier Kaserne (Altersheim)
G II	= Offizierskasino
H II	= Werkstätten
H IV	= Bodenbacher Kaserne und Zeughaus (Berliner Dienststelle)
H V	= Dresdner Kaserne (Frauen)
I IV	= Aussiger Kaserne (Kleiderkammer)
Südstr. 1	= Kindererholungsheim
Südstr. 3	= Zentrale Leichenhalle
Südstr. 5	= Zeremonienhalle
Südstr. 4/6	= Columbarium (Urnenhain)
Westgasse 3	= Sokolovna

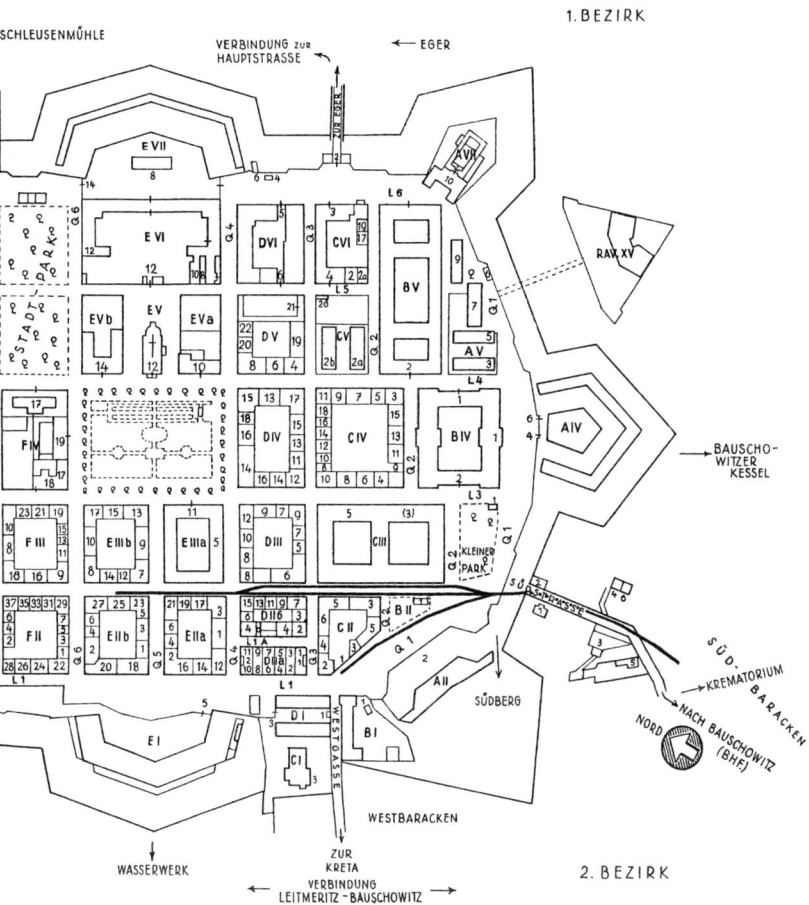

Plan des Lagers Theresienstadt.
Aus: H.G. Adler: Die verheimlichte Wahrheit. Theresienstädter Dokumente, Tübingen 1958

THERESIENSTADT[33]

Theresienstadt (Terezín) wurde in der zweiten Hälfte des 18. Jahrhunderts vom österreichischen Kaiser Joseph II. als Militärstadt errichtet und liegt rund 60 km nördlich von Prag, nahe der Einmündung der Eger in die Elbe. Joseph II. wählte den Namen zu Ehren seiner Mutter, der Kaiserin Maria Theresia. Theresienstadt war ein sternförmiger Festungsbau mit 8 bis 12 m hohen Wällen und 6 Toren; außerhalb gelegen waren die Sokolovna[34], das Militärhospital, der Wasserturm, einige Zivilhäuser sowie die sogenannte »Kleine Festung«, das Gefängnis. Auf den inneren Wällen wuchsen Gras und Bäume. Die zweistöckigen Kasernen aus dem 18. Jahrhundert waren mit Laubengängen und Höfen ausgestattet. Im Zentrum befand sich ein großer rechteckiger Stadtplatz (110m x 70m), der eigens für Militärparaden angelegt worden war. Neben anderen Militärbauten, Werkstätten, Magazinen und einem Offizierskasino gab es über 100 Jahre alte Privathäuser, die primitiv gebaut und mit gänzlich unzureichenden sanitären Einrichtungen versehen waren. Die ungepflasterten Straßen wirbelten bei Trockenheit und Wind riesige Staubwolken auf, bei Regen versank man im Schlamm. Bevor das Lager errichtet wurde, hatten hier ca. 7000 Menschen gelebt, je zur Hälfte Zivilisten und Militär.

---

33   Die hier aufgeführten Zahlen, Daten und Fakten sind, wenn nicht anders angegeben, der folgenden Literatur entnommen:
Hans Günther Adler: Theresienstadt 1941-1945. Das Antlitz einer Zwangsgemeinschaft. Geschichte, Soziologie, Psychologie. 2., verbesserte und ergänzte Auflage, Tübingen 1960; ders.: Die verheimlichte Wahrheit. Theresienstädter Dokumente. Tübingen 1958; Neueste Forschungsergebnisse finden sich in zwei Editionen der 1990 gegründeten 'Theresienstädter Initiative':
1. Theresienstadt in der 'Endlösung der Judenfrage'. Herausgegeben von Miroslav Kárný, Vojtech Blodig und Margita Kárná. Prag 1992 [Sammelband mit 31 Vorträgen einer internationalen wissenschaftlichen Konferenz in Theresienstadt im November 1991]; 2. Theresienstädter Studien und Dokumente. Herausgegeben von Miroslav Kárný, Raimund Kemper und Margita Kárná. Prag 1994 [Jahrbuch].
Verwiesen sei an dieser Stelle auch auf drei ältere Publikationen:
1. Terezín. Published by the Council of Jewish Communities in the Czech Lands. [Ed. Frantisek Ehrmann, Otta Heitlinger, Rudolf Iltis]. Prag 1965. Dt.: Theresienstadt. Redaktion: Rudolf Iltis, Frantisek Ehrmann und Otta Heitlinger. Wien 1968;
2. Käthe Starke: Der Führer schenkt den Juden eine Stadt. Bilder – Impressionen – Reportagen – Dokumente. Berlin 1975.
3. Berthie Philipp: Die Todgeweihten. Roman um Theresienstadt. Hamburg 1949. Die beiden letztgenannten Autorinnen wurden von Hamburg aus nach Theresienstadt deportiert.

34   Vereinshaus und Turnhalle der tschechischen Turnerschaft. Das Gebäude wurde im Lager zunächst als Krankenhaus, schließlich als Gemeinschaftshaus und Theatersaal genutzt.

Im März 1939 wurden die von den Deutschen okkupierten tschechischen Gebiete dem Deutschen Reich als »Protektorat Böhmen und Mähren« angegliedert; um die Jahreswende 1941/42 wurde die Garnison aus Theresienstadt abgezogen und die dort lebende tschechische Bevölkerung ausgebürgert, um dem geplanten Lager Platz zu machen. Theresienstadt, ein rein jüdisches Zwangslager der SS, diente als Durchgangsstation für die Deportation der Gefangenen in die Vernichtungslager im Osten Europas. Im Herbst 1941 zunächst als Sammelort für böhmische und mährische Juden eingerichtet, wurde es 1942 zum »Altersghetto« für Juden aus dem »Altreich«[35], erklärt. Die verharmlosende Bezeichnung »Ghetto« darf nicht darüber hinwegtäuschen, daß es sich hier um den Sondertypus eines Konzentrationslagers handelte.[36] Vom 24. November 1941 bis zum 20. April 1945 wurden insgesamt rund 141.000 Menschen nach Theresienstadt verschleppt. Mit rund 71.000 Gefangenen stellten die Tschechen aus dem »Protektorat« die größte Gruppe, gefolgt von über 40.000 Deutschen. Im Lager befanden sich auch rund 15.000 Österreicher, 4800 Holländer und 460 Dänen. Das Durchschnittsalter der Männer betrug 44,7 Jahre, das der Frauen 50,1 Jahre. Rund 31.000 der deutschen Gefangenen waren älter als 61 Jahre, knapp 6000 waren zwischen 46 und 60 Jahre alt.[37] Die Mehrzahl der Gefangenen stammte aus dem mittleren Bürgertum. Im Dezember 1942 waren 3500 Kinder unter 15 Jahren registriert, im Dezember 1944 nur noch 815. Insgesamt hielten sich dort etwa 10.000 Kinder zeitweise auf. Trotz eines strengen Verbotes wurden in Theresienstadt etwa 230 Kinder geboren. Nach der Geburt wurden Mutter und Kind sofort in ein Vernichtungslager deportiert.

Die Häftlinge sprachen verschiedene Sprachen, hatten ihre nationalen Sitten und Gebräuche und waren unterschiedlichen Glaubens; es gab Katholiken, Protestanten und Menschen, die sich zu einem orthodoxen, konservativen oder liberalen Judentum bekannten oder gar keiner Religion angehörten. Die offizielle Lagersprache war deutsch.

---

35 Gemeint war damit Deutschland ohne die besetzten Gebiete.
36 Ghetto war die Bezeichnung für geschlossene jüdische Wohnviertel, da die Christen um das Jahr 1000 das Zusammenleben von Juden und Christen verboten hatten. Das erste Ghetto ist in Venedig nachgewiesen.
37 Stand 1.10.1944. Vgl.: H.G. Adler, Theresienstadt, S. 44.

Aufbau und Verwaltung des Lagers

An der Spitze des Lagers stand als Vertreter der SS der Lagerkommandant; nacheinander waren dies Dr. Siegfried Seidel, Anton Burger seit Juli 1943 und Karl Rahm seit Februar 1944. Das Lager wurde mit Hilfe von jüdischen Fachleuten aus Verwaltung, Wirtschaft, Technik, Medizin, Handwerk sowie Bauarbeitern und Hilfskräften aufgebaut. Von Beginn an war geplant, daß eine von den Gefangenen gestellte, jüdische »Ghettoverwaltung« die Organisation des Lagerlebens übernehmen sollte. Es gab sowohl einen »Judenältesten« als auch einen »Ältestenrat«, wobei letzterer vom »Judenältesten« ernannt wurde und bis zu 27 Mitgliedern hatte. Erster Judenältester war Dr. Jakob Edelstein aus Prag. Im Januar 1943 übernahm diesen Posten Dr. Paul Eppstein aus Berlin, und Jakob Edelstein wurde sein Erster Stellvertreter. Im September 1944 trat Dr. Benjamin Murmelstein aus Wien an die Stelle Eppsteins.

Die Verwaltung umfaßte 5 Hauptabteilungen:
1. die Abteilung für innere Verwaltung,
2. die Wirtschaftsabteilung,
3. die Technische Abteilung,
4. die Finanzabteilung,
5. das Gesundheitswesen mit Fürsorge.

Zusätzlich eingerichtet wurden eine Arbeitszentrale, die Jugendfürsorge, die Freizeitgestaltung, das Sicherheitswesen, die Zentralevidenz[38] und eine Bank. Jede dieser Abteilungen war in hunderte von Unterabteilungen gegliedert, so daß ein bis ins Gigantische aufgeblähter Verwaltungsapparat entstand. Selbst die »Freizeitgestaltung« hatte 10 Hauptabteilungen mit jeweils bis zu 6 Unterabteilungen. Die sogenannte »Zentralproviantur«, eine Unterabteilung der Wirtschaftsabteilung, verfügte ihrerseits über mehr als 40 Unterabteilungen, was vor allem deshalb absurd anmutet, als die Menschen im Lager kaum etwas zu essen bekamen und massenhaft an Hunger und Erschöpfung zugrundegingen.[39]

---

38   Eine Art Einwohneramt, das Zahl und Stand der Gefangenen ständig kontrollierte.
39   Martha Glass wog nicht einmal mehr 43 kg, als man ihr 14 Tage lang eine Zusatzkost (»Reco«) gewährte. Vgl. Tagebuch-Eintragung vom 13.2.1944.

Eingang des Lagers Theresienstadt.
Gedenkstätte Terezín: A 804.

Gemeinsam mit dem Leiter der Wirtschaftsabteilung mußte der Judenälteste täglich bei der SS vorsprechen. Von jedem Besuch hatte er eine Aktennotiz anzufertigen und jeden Monat einen Bericht vorzulegen. Sitz der Selbstverwaltung war die »Magdeburger Kaserne«; von Eingeweihten wurde sie, in Anspielung auf Franz Kafkas gleichnamiges Romanfragment von 1926, »Das Schloß« genannt, da hinter ihren Mauern eine anonyme Macht über Leben und Tod der ihr ausgelieferten Menschen entschied.[40]

»In jedem Lager«, so schreibt Hans Günther Adler, »ging es wahnhaft zu, doch in Theresienstadt im höchsten Maße.«[41] Was Theresienstadt von anderen Lagern unterscheide, sei die große »Angleichung an zivile Normen« gewesen. Diese Angleichung sei auf Anordnung der SS von den Gefangenen über das verlangte Maß hinaus verwirklicht worden, ohne daß man hätte wahrhaben wollen, daß es sich bei der vermeintlichen Freiheit der Selbstverwaltung lediglich um eine Scheinfreiheit handelte.[42] Die »Autonomie« der Juden habe in Wirklichkeit jedoch die »administrative Versklavung im Vorfeld der Vernichtung« bedeutet, bei der die jüdischen Verwaltungsvertreter nichts weiter als die »Werkzeuge der Machthaber« gewesen seien, als deren Vollzugsgehilfen sie ihren Teil zur Täuschung der Welt über die tatsächlichen Vorgänge im Lager und damit zur Vernichtung des eigenen Volkes beigetragen hätten.[43]

Adlers massive Kritik am Verhalten der jüdischen Selbstverwaltung hat sich auf Grund neuerer historiographischer Erkenntnisse vielfach als nicht berechtigt erwiesen.[44] Den Organisatoren boten sich keinerlei Alternativen zu dem von der SS erzwungenen Gehorsam, aber dennoch wurde immer wieder versucht, den Menschen das Lagerleben erträglicher zu machen. Welche Chancen Boykott oder

---

40 In der Magdeburger Kaserne wurden auch die Listen für die Weiterdeportation in die Vernichtungslager zusammengestellt. Vgl. Thomas Mandl in: Viktor Ullmann, 26 Kritiken über musikalische Veranstaltungen in Theresienstadt. Mit einem Geleitwort von Thomas Mandl. Herausgegeben und kommentiert von Ingo Schulz. Hamburg 1993.
41 H.G.Adler, Theresienstadt, ebd., S. 666.
42 Ebd., S. 629f.
43 Ebd., S. 644.
44 Zur Auseinandersetzung mit Adlers Kritik verweise ich auf die bereits erwähnte Edition der Theresienstädter Initiative: Theresienstadt in der 'Endlösung der Judenfrage', insbesondere auf die Referate von Miroslav Kárný: Ergebnisse und Aufgaben der Theresienstädter Historiographie, S. 26-40; Wolfgang Benz: Theresienstadt in der Geschichte der deutschen Juden, S. 70-78, Ruth Bondy: Jakob Edelstein – der erste Judenälteste von Theresienstadt, S. 79-87.

**Bau der Eisenbahnstrecke Bauschowitz-Theresienstadt.
Otto Unger, 1943.**
Gedenkstätte Terezín: PT 8185.

offener Widerstand der Gefangenen gehabt hätten, wissen wir nicht; wir kennen lediglich die historischen Fakten: Jakob Edelstein wurde in ein Vernichtungslager deportiert, als ihm der Lagerkommandant im Herbst 1943 die Fälschung von Gefangenenlisten nachweisen konnte; ein Jahr später wurde sein Nachfolger Paul Eppstein von der SS erschossen, nachdem er sich geweigert hatte, die Herbsttransporte von Theresienstadt nach Auschwitz durchzuführen.

Ankunft

In den Jahren 1941 und 1942 kamen die Häftlinge zu Fuß ins Lager. Am Bahnhof von Bauschowitz endete der Zug; auf dem 2,5 km langen Fußmarsch bis Theresienstadt hatte jeder sein Handgepäck selber zu tragen.[45] Die Koffer, das sogenannte »Mitgepäck«, waren in einem eigenen Waggon befördert worden und wurden vom Wachpersonal entgegengenommen.

In Theresienstadt wurden die Neuangekommenen durch menschenleere Straßen zu einer Kaserne geführt, wo sie, auf dem nackten Boden lagernd, die erste Nacht verbringen mußten. In dieser Sammelstelle für ankommende und weiterfahrende Transporte, der »Schleuse«, wurde das gesamte Gepäck nach verbotenen Gegenständen wie Geld, Schmuck, Zigaretten, Kaffee, Tee, Schokolade, Medikamenten, elektrischen Geräten durchsucht und von SS, Gendarmen und der jüdischen Ghettowache nach Belieben für den eigenen Bedarf beschlagnahmt. Genau dies war auch der Grund, weshalb die »alteingesessenen« Häftlinge in ihren Zimmern bleiben mußten; sie hätten die »Neuen« warnen und verbotene Dinge rechtzeitig verstecken können. Vielen der Neuangekommenen, darunter auch Martha Glass, blieb nur ihr Handgepäck; ihre Koffer sahen sie nie wieder.

Am folgenden Tag wurden den Neuankömmlingen ihre Zimmer zugewiesen, in einer der Kasernen oder in einem der ehemaligen Zivilhäuser, auch »Block« genannt.

Das Lager war in vier Bezirke unterteilt; die Straßen hatte man mit L für »Längsstraße« und Q für »Querstraße« gekennzeichnet. L

---

45   Ab Juni 1943 fuhr eine Anschlußbahn, die mittlerweile von den jüdischen Gefangenen gebaut worden war, direkt nach Theresienstadt.

Blick in den Schlaf- und Wohnraum eines Theresienstädter Hauses.
Gedenkstätte Terezín: A 7523.

104 (Martha und Hermann Glass' erste Adresse) stand für Haus 4 in der ersten Längsstraße.

Ehepaare und Familien wohnten teilweise zusammen, vielfach wurden Männer und Frauen aber auch getrennt untergebracht; im letzteren Fall war es jedoch erlaubt, sich tagsüber zu treffen. Die Räume waren schlecht beleuchtet, und im Winter stieg die Innentemperatur kaum über den Gefrierpunkt. Im August 1942 befanden sich etwa 41.000 Menschen im Lager; jedem Bewohner stand nicht mehr als 1,6 m² Wohnfläche zu, was gerade für ein Bett von 60 cm Breite und zum Verstauen der wenigen verbliebenen Habseligkeiten reichte. Als im Herbst 1944 die Mehrheit der Gefangenen in die Vernichtungslager weiterdeportiert worden war, stieg der Wohnraum pro Person bis auf 3,05 m² an; 1942/1943 jedoch herrschte eine furchtbare Enge.[46] In den Kasernen hausten hunderte von Menschen in einem Saal, in den »Blocks« vielfach 60 in einem Raum.[47] Bis zu 100 Menschen mußten sich ein Klo teilen, das oft nicht einmal eine Wasserspülung hatte. Die auf Grund der akuten Wohnraumnot ebenfalls als Schlaf- und Wohnstätten genutzten Dachböden waren gegen Kälte oder Hitze nicht isoliert und hatten weder Wasser noch Licht. Ab 20 Uhr (ab 21 Uhr im Sommer) durfte niemand mehr das Haus verlassen; die Nachtruhe dauerte von 22 bis 6 Uhr. Für jede Kaserne und jeden »Block« war ein Gebäudeältester verantwortlich; ihm untergeben waren die Zimmerältesten. Der Gebäudeälteste hatte für Ruhe, Ordnung und Reinlichkeit im Haus zu sorgen und mußte jeden Tag über die Lage im Haus, die Zahl der Bewohner, Krankheitsfälle etc. Meldung machen.

Im Lager gab es eine Jugendfürsorge, die sich um die Kinder von 4 bis 16 Jahren kümmerte. Viele von ihnen waren in Heimen untergebracht, und die Zahl verwahrloster und krimineller Kinder war hoch. Schulunterricht fand nur unregelmäßig und zumeist heimlich statt, denn offiziell erlaubt waren lediglich Fächer wie Zeichnen, Handarbeit und Singen. Geschrieben wurde auf Packpapier. Unter den Kindern gab es viele Analphabeten, da sie schon vor der Deportation kaum noch Schulen besucht hatten.

---

46 Im März 1943 befanden sich 56.000 Menschen im Lager. Vgl. erste Tagebuch-Eintragung.

47 Laut Eintragung vom 29.10.1944 lebten in dem Haus L 104 anfangs 140 Menschen.

Arbeit

Häftlinge im Alter von 16 bis 60 mußten 10 bis 12 Stunden pro Tag arbeiten. Aber auch Kinder und Greise wurden häufig vier Stunden täglich beschäftigt. Selbst die härteste Arbeit war begehrt, da den Arbeitenden eine größere Essensration zustand. Die Menschen arbeiteten in der Versorgung des Lagers, als Bedienstete der SS, aber ebenso für deutsche Firmen und die Wehrmacht. Sie stellten Uniformen und Jutesäcke her oder waren in der Glimmerspalterei tätig.[48] In den Reparaturwerkstätten waren bis zu 800 Menschen im Schichtdienst eingestellt; teilweise wurde in diesem Bereich auch Heimarbeit geleistet. Martha Glass wurde ab Juli 1943 täglich vier Stunden zum Strümpfestopfen herangezogen. Anfangs arbeitete sie gemeinsam mit vielen anderen Frauen in einer der dafür bestimmten Baracken, dann in Heimarbeit in ihrer schlecht beleuchteten Wohnküche.[49] Die reparierten Sachen wanderten in die Läden, »Verschleißstellen« genannt, wo im übrigen auch viele Koffer samt Inhalt landeten, die man den Neuangekommenen in der »Schleuse« nicht zurückgegeben hatte. »Die Arbeit der jüdischen Häftlinge«, so stellt der Historiker Miroslav Kárný fest, »sollte die wirtschaftliche Selbständigkeit und die Selbstfinanzierung des Ghettos sichern und seine Nützlichkeit für die deutsche Kriegswirtschaft beweisen.«[50] Der Ältestenrat hoffte, mit einem größtmöglichen Arbeitseinsatz vor allem junge Menschen retten zu können. Wie sich später zeigen sollte, war diese Hoffnung eine tragische Illusion, denn das Lager wurde von den Nationalsozialisten nicht auf Grund seiner Produktionskapazität aufrechterhalten, sondern allein auf Grund seiner außenpolitischen und propagandistischen Bedeutung als »Vorzeigeghetto«.

Essen

Der unvorstellbare Hunger machte die Ernährung zu einem der wichtigsten Themen im Lager. Jeden Monat wurde eine Essenskarte

---

48 Die Glimmerplättchen wurden in der Elektrotechnik und in der Flugzeugindustrie verwendet.
49 Vgl. Tagebuch-Eintragung vom 16.7. und 11.8.1943.
50 Miroslav Kárný: Ergebnisse und Aufgaben der Theresienstädter Historiographie. In: Theresienstadt in der 'Endlösung der Judenfrage', ebd., S. 33.

ausgeteilt, für die man zweimal täglich seine Mahlzeit bei einer bestimmten Küche abholen konnte. Morgens gab es lediglich Kaffee-Ersatz, für alles übrige mußte man auf den zugeteilten Proviant zurückgreifen.

Das Essen bestand zum größten Teil aus Wasser. Am häufigsten setzte man Suppen auf den Essensplan; sie waren nichts anderes als faulig stinkende Brühen. Fleisch gab es in Form von »Hachez«, einer wässrigen Sauce mit ein paar Fleischfasern, oder Hackbraten, der fast nur aus Brot zubereitet wurde. Als Gemüse aß man Futterrüben, »Dorschen« genannt, und Sauerkraut, das meist verdorben war. Das gleiche galt für die Kartoffeln; Kartoffelgulasch war eine dicke Suppe ohne Fleisch. Pro Woche gab es 120 gr Graupen, Hirse oder Gries. Als einziges Fett erhielten die Gefangenen Margarine mit hohem Wassergehalt, aber nie mehr als 200 gr pro Woche. Pro Person wurden höchstens 200 gr Zucker wöchentlich verbraucht. Magermilch wurde unregelmäßig verteilt; Eier, Butter, Obst, Käse oder Fisch gab es nie. Wie aus dem Tagebuch hervorgeht, waren die Abendmahlzeiten winzig und bestanden zumindest Anfang 1943 häufig nur aus Kaffee(ersatz) und Fett.[51]

Für Extraarbeit gewährte die Verwaltung Zulagen in Form von ein wenig Margarine, Zucker oder Marmelade. Brot wurde nach bestimmten Kategorien ausgeteilt: S – für Schwerarbeiter (500 g tägl.), N – für Normalarbeiter (375 g), L – für Leichtarbeiter (333 g) und K – für Kranke (333 g).

Lebensmittel wurden nicht nur gegessen, sie dienten auch als Zahlungsmittel. Brot und Zigaretten besaßen einen hohen Tauschwert und wurden zu festen Preisen gehandelt. 1 kg Zwiebeln hatte den Tauschwert von 60 Kronen. Für ein Ei, das eine große Kostbarkeit darstellte, erhielt Martha Glass ein ganzes Brot, für eine Dose Leberpastete, Lohn für acht Stunden Arbeit, 2 1/2 kg Kartoffeln.[52]

Der ständige Hunger ließ, wenn es um die Beschaffung von Essen ging, wenig Raum für Gemeinschaftssinn und Ehrlichkeit. Mundraub war an der Tagesordnung. Wer in den Küchen arbeitete, Zugang zu den Vorratskammern hatte oder unter seinen Mitbewohnern Lebensmittel aus der Proviantur verteilen sollte, stahl, wo immer er konnte.

---

51 Vgl. Eintragung vom März 1943.
52 Vgl. Eintragungen vom März 1943, vom 19.6. und 4.11.1944.

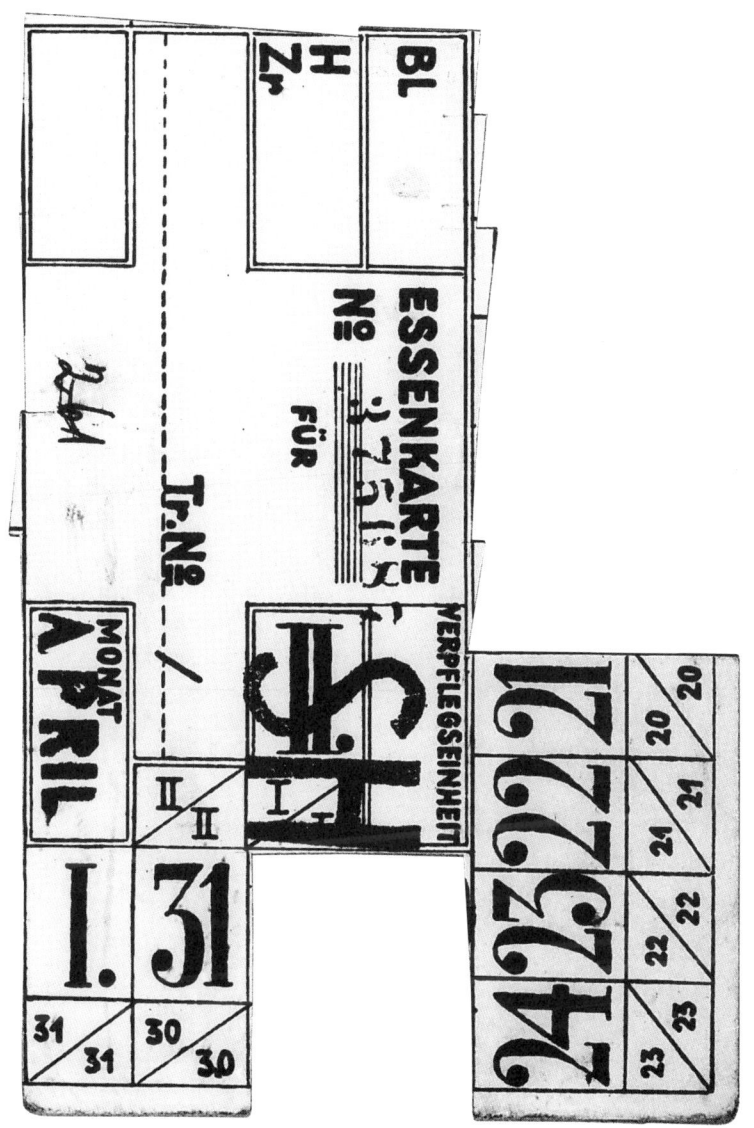

Essenskarte für die Häftlinge.
Institut für die Geschichte der Deutschen Juden [im folgenden: IGDJ]:
Nachlaß Felix Epstein, 45.054-07.

Häftlinge, die im Lager einen bedeutenden Posten in der Selbstverwaltung innehatten oder bereits in Deutschland hohe Funktionsträger gewesen waren, gehörten zu den »Prominenten« und wurden im Lager bevorzugt behandelt. Sie wohnten und lebten besser als die anderen, besaßen eigene Räume und Möbel und erhielten größere und besondere Essensportionen. Wenn Weitertransporte anstanden, waren indes auch »Prominente« nicht besser gestellt als gewöhnliche Häftlinge und wurden wie sie in die Vernichtungslager deportiert.

Bezugsscheine

Im September 1942 erhielten die Gefangenen Bezugsscheine, die sie zum Einkaufen von Waren berechtigten. Das Einkaufsrecht unterlag einen bestimmten Turnus, und jeder mußte mit dem Einkaufen warten, bis er an der Reihe war. Es gab vier Warengruppen mit unterschiedlichen Punktwerten: Gruppe A = Lebensmittel (120 Pkte), Gruppe B = Kleidung, Wäsche (600 Pkte), Gruppe C = Geschirr, Hausrat, Koffer (80 Pkte) und Gruppe D = Papierwaren, Seife (40 Pkte). Die Waren in den Geschäften stammten, wie erwähnt, häufig aus dem beschlagnahmten Gepäck der Ankommenden oder aus den Nachlässen Verstorbener. Teilweise handelte es sich aber auch um Lieferungen auswärtiger Firmen. Im Lager gab es neben anderen Läden auch eine Fleischerei und eine Apotheke; der Zutritt war den Gefangenen jedoch verboten.

Krankheiten und Tod

Alle drei bis vier Monate durfte man bis zu 5 kg Wäsche in die Wäscherei bringen. Waschmöglichkeiten waren in den Häusern so gut wie nicht vorhanden; baden und duschen konnten die Gefangenen lediglich im Zentralbad des Lagers, aber auch nur dann, wenn sie ausdrücklich dazu aufgefordert wurden. Auf Grund der schlechten hygienischen und sanitären Verhältnisse verbreiteten sich Epidemien. Desinfektionen zur Bekämpfung von Wanzen, Flöhen, Kleider- und Kopfläusen, Ratten und Mäusen wurden massenhaft durchgeführt,[53]

---

53 Die sogenannte »Entwesung«.

3D	2D	2D	III	2C	2C	2C	2C	3C
2C	2C	1C	IV	1C	1C	1C	2C	3C
3D	2D	2D	V	2C	2C	2C	2D	2D
2C	2C	1C	VI	1C	1C	1C	2C	3C
3D	2D	2D	VII	2C	2C	2C	2D	3D
2C	1D	1D	VIII	1C	1C	1C	2C	2C

JÜDISCHE SELBSTVERWALTUNG THERESIENSTADT

BEZUGS-SCHEIN

NAME: **Nr.**   Epstein Felix

TRSP. ... 142   Bezugsscheinstelle

I	II	III	IV	V	VI	VII	VIII			
								Anzug oder Kostüm		100 B [8]
				1B	1B	1B	1B	Damen-Wollkleid		100 B [7]
				2B	2B	2B	2B	Damen-Sommerkleid	NUR GEGEN SONDER-BEZUGSSCHEIN!	100 B [6]
			2B	2B	2B	2B	2B	Mantel		100 B [5]
			5B	5B	5B	5B	5B	Sweater Pullover		100 B [4]
			5B	5B	5B	5B	5B	Schuhe		100 B [3]
			5B	5B	5B	5B	5B	Koffer		100 B [2]
			10B	10B	10B	10B	10B	32717		100 B [1]
				10B	10B	10B	10B			50B 50B
					20B	20B	20B			50B 50B
					20B	20B	20B			

Bezugschein für Kleidung.
IGDJ: Nachlaß Felix Epstein, 45.054-05.

43

gleichwohl hatten bis zu 80% der Gefangenen Läuse. Die schlechte Ernährung führte zu Eiweiß- und Vitaminmangel und machte die Menschen anfällig für Krankheiten. Häufigste Todesursache war Enteritis, eine Entzündung des Darms, begleitet von heftigem Durchfall.[54] Viele Häftlinge erkrankten aber auch an Hirnhautenzündung, Diphterie, Typhus und Tuberkulose. Von den 600 Ärzten, die zeitweise im Lager lebten, übte etwa die Hälfte ihren Beruf aktiv aus. Rund 35.000 Menschen starben in Theresienstadt an Erschöpfung und Krankheiten; die Zahl der Toten pro Tag betrug oft 130 bis 150.

Trauerfeiern wurden nie für einzelne, sondern immer für mehrere Verstorbene derselben Religion gemeinsam abgehalten[55]; anschließend wurden die Toten eingeäschert und im »Columbarium« bestattet.[56] Um das Massensterben in Theresienstadt zu vertuschen, ließ die SS im November 1944 das »Columbarium« räumen. Die Gefangenen bildeten eine Kette von etwa 200 Personen und brachten die Aschebeutel in einen engen Minengang.[57] Man sagte ihnen, die Asche werde auf einem Prager Friedhof beigesetzt, tatsächlich aber wurde sie später in die Eger geschüttet.

Postverkehr

Seit September 1942 durften die Gefangenen nach Deutschland schreiben; erlaubt waren einfache Postkarten, die zunächst nicht mehr als 30 Wörter einschließlich der Adresse enthalten durften. Später wurde die Begrenzung der Wörterzahl aufgehoben. Ab 1943 durfte man alle drei, dann alle zwei Monate eine Postkarte absenden. Mehr als die Mitteilung, daß man gesund sei und dieses auch vom Empfänger hoffe, war darauf nicht enthalten. Übertreibungen, Klagen, Angaben über den Weitertransport von Angehörigen oder die Bitte um Lebensmittel waren nicht zulässig. Am 6. Oktober 1943 klagte Martha Glass in ihrem Tagebuch über den »immer gleichen inhaltslosen Text«, den sie ihren Kindern mitteilen müsse. Die Post-

---

54   An Enteritis starb am 19. Januar 1943 auch Hermann Glass.
55   Vgl. die Beschreibung von der Beerdigung der Schwägerin vom 16.4. 1943.
56   Neben dem jüdischen Beerdigungswesen gab es Gottesdienste am Sabbath und an jüdischen Feiertagen. Ende 1944 wurde ein Rabbinat, das aber schon vorher bestanden hatte, offiziell zugelassen.
57   Vgl. Eintragung vom 4.11.1944.

karten wurden zunächst von den Beschäftigten des Postamtes, danach von der SS zensiert. Wer gegen die Vorschriften verstieß, erhielt die Karte zurück und mußte damit rechnen, daß er erst beim nächsten Turnus wieder eine Karte abschicken durfte.[58]

Für einen Brief brauchte man eine Sondergenehmigung. Es war erlaubt, Pakete aus Deutschland von maximal 1 kg Gewicht entgegenzunehmen. Mit einer vorgedruckten Empfangsbestätigungskarte konnte man dem Absender den Erhalt mitteilen. Die Pakete wurden vor der Auslieferung geöffnet und durchsucht. Ab Frühjahr 1944 trafen auch Pakete durch Vermittlung des Internationalen Roten Kreuzes und des Jüdischen Weltkongresses ein. Martha Glass erhielt ab März 1943 fast jeden Monat, manchmal sogar öfter, ein Paket von ihren Kindern aus Berlin.[59] Diese Pakete trugen nicht nur zu ihrem physischen, sondern auch zu ihrem psychischen Überleben im Lager bei. Solange sie eintrafen, schien die Verbindung zur Außenwelt nicht ganz abgerissen, und Martha Glass konnte jedesmal mit Erleichterung feststellen, daß die Adresse der Kinder gleichgeblieben war, daß es ihnen also vermutlich gut ging.

Rituale gegen die Angst

Die Geschichte der in Theresienstadt gefangenen Menschen ist nach Hans Günther Adler die »Geschichte einer Ohnmacht«. Auch wenn jedes Individuum handelnd gedacht habe, so sei seinem Wollen doch eine Grenze gesetzt worden. Vor jeder Deportation in den Osten war das Lagerleben von lähmender Angst beherrscht; auch wenn man nichts von der systematischen Massenvernichtung wußte, so gab es doch eine Ahnung von entsetzlichem Hunger und von Pogromen.[60] Während der Deportationen im Mai 1944 schrieb Martha Glass in ihr Tagebuch: »Vor Donnerstag, wo der dritte und letzte Transport geht, kommen wir alle nicht zur Ruhe. Dann hätten

---

58   Vgl. Eintragung vom 16.2.1944.
59   Ab Sommer 1944 war es auch der jüngeren Tochter möglich, über Lissabon Pakete zu schicken.
60   »[...] und wie es in Birkenau ist, weiß kein Mensch. [...] Es ist grausig, wie die Familien auseinandergerissen werden und sich wahrscheinlich im Leben nicht wiedersehen.« Eintragungen vom 15. und 17.5.1944.

wir wieder eine Galgenfrist bis zum nächsten Transport. Jeder Tag in Theresin ist ein Geschenk.«[61] Diese Angst, die zum Hunger und zu der alltäglichen Todesangst hinzukam, war nicht überwindbar; möglich war nur ihre Verdrängung, war die Flucht aus der Wirklichkeit für ein paar Stunden – mit Hilfe von Arbeit, altvertrauten Ritualen und Kultur. Alle Handlungen und Reaktionen im Lager müssen im hohen Maße vor dem Hintergrund dieser allgegenwärtigen Angst begriffen werden.[62] Wie Martha Glass später ihrer Tochter Ingeborg berichtete, hatte sie ihrem Mann in Theresienstadt versprechen müssen, sich nicht das Leben zu nehmen. Vermutlich wird es manche Augenblicke gegeben haben, in denen es ihr schwer fiel, dieses Versprechen einzuhalten, insbesondere immer dann, wenn sie vom Selbstmord eines ihrer Hamburger Bekannten erfuhr. Zugleich aber wird ihr die Verpflichtung zum Leben immer wieder geholfen haben, Angst und Entbehrungen durchzustehen und nach Möglichkeiten zu suchen, die den Alltag erträglicher machten.

Nach dem Tod ihres Mannes lebte Martha Glass auf das engste und primitivste mit bis zu neun Mitbewohnerinnen zusammen, und doch behielt sie die Gewohnheiten und Rituale aus dem einstigen bürgerlichen Leben bei, so gut es unter diesen Umständen ging. Feiertage wie Weihnachten, Silvester und Geburtstage waren Anlässe zum Schenken und zum gemeinsamen »Fest«. In der Sprache des Tagebuchs zeigt sich das Festhalten an den im früheren Leben üblichen Gewohnheiten und Lebensformen in aller Deutlichkeit: Martha Glass schreibt von »Damen«, die zu Besuch kamen und einen »stimmungsvollen Abend« miteinander erlebten, von einem »gedeckten Tisch« und von »Appetitschnittchen«, die »gereicht« wurden. Eine Kartoffel wurde in ein Säckchen genäht, bevor man sie verschenkte, und selbst ein Stück Würfelzucker galt noch als Kostbarkeit.[63] Gegen Resignation und Selbstaufgabe, gegen eine inhumane Realität wurden humane Umgangsformen und gegenseitiger Respekt gesetzt, scheinbar ganz alltägliche Verhaltensweisen, die unter den grausamen Lagerverhältnissen einen völlig neuen Stellenwert erhielten und als Zeichen eines verzweifelten Überlebenswillens des Einzelnen und der Gemeinschaft gedeutet werden müssen.

---

61 Eintragung vom 16. Mai 1944.
62 H.G. Adler, Theresienstadt, S. 669.
63 Vgl. die Eintragungen vom 31.12.1943, vom 31.1.1944, vom 25.12 1944.

»Freizeitgestaltung«[64]

Im Lager war das Bedürfnis nach und das Interesse an Kultur außerordentlich stark: Unter den Häftlingen befand sich eine große Zahl von Künstlern und Intellektuellen, die es trotz der erlittenen Schinderei am Tage nach geistiger und künstlerischer Betätigung drängte und die unter den Gefangenen mit zahlreichen Zuhörern und Zuschauern rechnen konnten. Kulturelle Aktivitäten waren anfangs verboten gewesen und hatten allenfalls heimlich stattgefunden; erst 1942 wurden sie zunächst gebilligt und schließlich von der SS ausdrücklich gefördert. Ende 1942 wurde die Abteilung »Freizeitgestaltung« gegründet. Die Ausstattung der Bühnen und Räumlichkeiten war äußerst bescheiden, die Musikinstrumente stammten aus beschlagnahmtem jüdischen Besitz im »Protektorat«. Für die Darbietungen standen der Rathaussaal, die Sokolovna, ein Saal in der »Magdeburger Kaserne«, zwei ehemalige Kinos und ein Kaffeehaus zur Verfügung. Das Angebot war vielfältig und reichte von leichten Unterhaltungsabenden, Operetten und Kabarettprogrammen über Opern von Mozart, Puccini, Verdi oder Smetana, Konzerte mit klassischer und zeitgenössischer Musik bis zu bürgerlichem Bildungstheater mit Werken von Molière, Shakespeare, Goethe, Shaw oder Hofmannsthal.

Über 50 Aufführungen verzeichnete Hans Krásas Kinderoper 'Brundibár' unter der Leitung des Komponisten.[65] Viktor Ullmann schrieb in Theresienstadt neben anderen Werken die Oper 'Der Kaiser von Atlantis oder Der Tod dankt ab'[66]; zugleich leitete er das 'Studio für neue Musik', in dessen Konzertreihe u.a. der junge Komponist Gideon Klein[67], der auch als Pianist hochbegabt war, seine eigenen Werke vorstellte. Pavel Haas[68], ein Schüler von Leo Janáček, komponierte zahlreiche Klavierstücke und eine Studie für Streichor-

---

64 Zur Freizeitgestaltung s. a.: Und die Musik spielt dazu. Chansons und Satiren aus dem KZ Theresienstadt. Herausgegeben und mit einem Vorwort von Ulrike Migdal. München, Zürich 1986.
65 Hans Krása wurde 1899 in Prag geboren. Die in seiner Oper mitwirkenden Kinder mußten immer wieder ersetzt werden, da fast alle im Laufe der Aufführungszeit in die Vernichtungslager deportiert wurden.
66 Unmittelbar vor der Uraufführung wurde Viktor Ullmann nach Auschwitz deportiert.
67 geboren 1919 in Přerov.
68 Haas wurde 1899 geboren und kam aus Brünn.

chester. Der Dirigent Karel Ančerl[69] gründete ein Streichorchester, und Rafael Schächter inszenierte mit großem Erfolg mehrere Opern. Der Pianist Bernhard Kaff und der Geiger Egon Ledeč (Ledeč-Quartett) gehörten zu den bekanntesten Virtuosen im Lager.[70] Der Jazzpianist Martin Roman[71] war nicht nur Mitwirkender in Kurt Gerrons Kabarett 'Das Karussell', sondern zugleich Leiter der 'Ghetto Swingers', einer Jazzband. Carlo S. Taube leitete die Stadtkapelle, ein 40 Mitglieder umfassendes Orchester, und Karl Fischer mehrere Chöre. Die Zentralbücherei, eine Ausleihbibliothek, umfaßte annähernd 50.000 Bände, die die SS zum größten Teil in der Tschechoslowakei beschlagnahmt hatte. Es wurden wissenschaftliche Vorträge und Lesungen angeboten, die häufig auch auf Dachböden stattfanden und privat organisiert wurden. Als bildende Künstler traten vor allem Fritz Taussig (Fritta), der Leiter der Zeichenstube, Peter Kien, Otto Ungar und Leo Haas hervor. Fritta und Kien, die auch die Berichte des Ältestenrats für die SS illustrierten, wurden in Auschwitz ermordet, Ungar starb kurz nach der Befreiung, Leo Haas überlebte.[72] Viele Menschen malten und dichteten zu allen möglichen Anlässen.[73] Ende 1942 wurde ein Kaffeehaus eingerichtet, das von 10.00 bis 19.30 Uhr geöffnet hatte. Wer es besuchen wollte, benötigte eine (kostenlose) Eintrittskarte und durfte sich dort zwei Stunden lang aufhalten. Für zwei Kronen erhielt man eine Tasse Kaffee; ab 14.00 Uhr spielte ein kleines Orchester Unterhaltungsmusik und die Besucher hörten schweigend zu.

Eine Zensur wurde kaum geübt und es schien, als seien im Lager zumindest der künstlerischen Freiheit weniger Grenzen gesetzt als vor der Deportation. Damals hatten die Nationalsozialisten jüdische Künstler und jüdisches Publikum aus dem deutschen Kulturbereich ausgeschlossen und ihnen die Aufführung deutscher Komponisten und Dramatiker untersagt. Jetzt war nahezu alles erlaubt, selbst

---

69   geb. 1908 in Tučapy, Böhmen, gest. 1973 in Toronto, Canada.
70   Die genannten Musiker waren aktive Mitarbeiter der 'Freizeitgestaltung'. Sie wurden im Oktober 1944 nach Auschwitz deportiert; mit Ausnahme von Karel Ančerl überlebte von ihnen niemand.
71   geboren 1906
72   Leo Haas, 1901 in Schlesien geboren, starb 1983 in Ost-Berlin. In Theresienstadt wurde er im Juli 1944 wegen seiner Zeichnungen, deren Motive dem Lagerleben entnommen waren, verhaftet und im Oktober 1944 nach Auschwitz deportiert. Zuvor konnte er etwa 400 seiner Arbeiten verstecken; nach der Befreiung nahm er sie wieder an sich.
73   Vgl. Eintragungen von Martha Glass, Silvester 1943/44 und 9.4.1944.

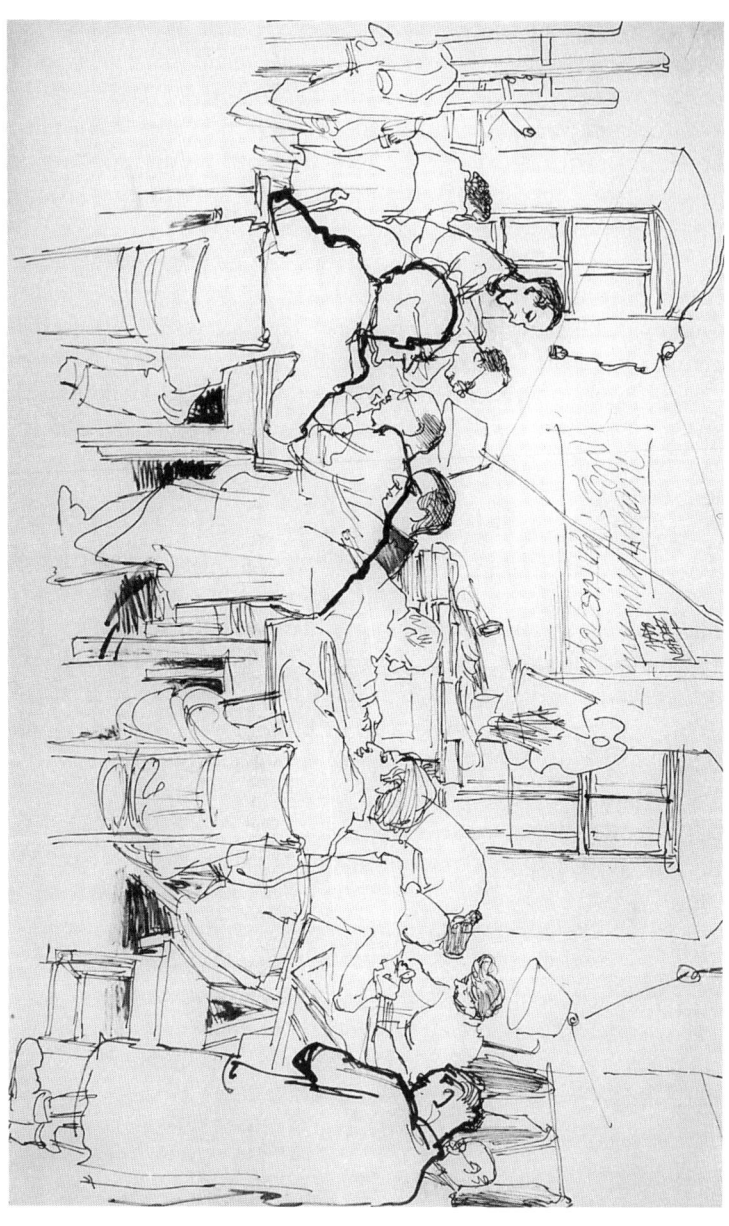

Technisches Büro im Lager. Leo Haas, 1943
Gedenkstätte Terezín: PT 1886.

der als »entartet« gebrandmarkte amerikanische Jazz und Swing.
Aber in dieser vermeintlichen Großzügigkeit zeigte sich einmal mehr
der grenzenlose Zynismus der nationalsozialistischen Machthaber:
Während ihre Vernichtungsmaschinerie bereits auf vollen Touren lief,
konnten sie sich ihren Opfern gegenüber auf kulturellem Gebiet
generös geben, zumal sie erkannt hatten, daß sich die Kultur im Lager
für die eigenen Zwecke propagandistisch nutzen ließ.

Die vielen kulturellen Aktivitäten, die im Lager stattfanden,
haben später den Eindruck entstehen lassen, in Theresienstadt sei alles
»nicht so schlimm gewesen«. Wenn man die Lagerverhältnisse freilich
genauer betrachtet, so erweist sich diese Annahme als falsch. Keine
Theaterdarbietung, kein Konzert, kein Vortrag und keine Lesung
konnten, und waren sie auch noch so eindrucksvoll, Gefangenschaft,
Hunger, Krankheiten und Angst länger als für die Dauer der Vorstellung bannen.[74]

So lange es keine Gewißheit über die Verhältnisse im »Osten«
gab und noch ein Funken Hoffnung bestand, das Lager zu überleben,
versiegte das Bedürfnis nach Kunst nicht; als mit dem Rückfluß der
Häftlinge aus den Vernichtungslagern die grauenvolle Wahrheit des
Holocaust aufgedeckt wurde, fanden in Theresienstadt keine Veranstaltungen mehr statt. Bis zu diesem Augenblick jedoch spendeten sie
Trost in seelischer Not und riefen jene Bildungstraditionen wach, die
die kulturelle Identität der Gefangenen einst geprägt hatten:

Mit dem Wegfall einer bürgerlichen Ordnung haben viele,
deren Selbstgefühl sich von Stellung, Eigentum und anderen
äußeren Umständen in einer normalen Gesellschaft ableitete,
jeden Boden verloren. Sobald sie sich aus einer sie bewahren-
den Umwelt ausgeschieden sahen, vollzog sich die Zertrümme-
rung. Der Unterschied zwischen Kultur und Zivilisation wurde
deutlich. Die meisten zivilisatorischen Genüsse wurden entzo-
gen – es blieb die Möglichkeit zur Kultur. Obwohl eine
Kultur nur ersprießlich gedeihen kann, wenn sie sich in einer
gegenständlichen Welt ausprägen darf, liegt ihr Fundament

---

74 Als einst passionierte Konzert- und Theaterbesucherin nutzte Martha Glass auch
    das Kulturangebot in Theresienstadt. In ihrem Tagebuch erwähnt sie 22 Veran-
    staltungen. Aber es gab auch Zeiten, in denen Hunger und Depressionen jegli-
    chen Wunsch nach kultureller Unterhaltung in ihr erstickten. Vgl. Eintragung vom
    31.1.1944.

**Hans Krása: Brundibár. Szene der Kinderoper im Propaganda-
film »Theresienstadt«.**
Gedenkstätte Terezín: A 1890.

doch bloß in der Persönlichkeit, die sie zu gestalten und zu
empfinden vermag. Der Kulturmensch, der etwas leistet, was
sich über sein animalisches Vermögen erhebt, wird durch die
Güter der Zivilisation und einer bestehenden Kultur zwar gesi-
chert und gefördert, aber nicht durch sie selbst geschaffen. Er
hat einmal Kultur in sich verwirklicht und arbeitet an ihr fort.
Ein solcher Mensch behauptet sich in Theresienstadt.[75]

Die Bedeutung von Kultur in Zeiten der Not zeigt sich in aller
Klarheit am Beispiel des Lagers von Theresienstadt. Für jene Gefangenen, die sie auf Grund ihrer Erziehung und Bildung verinnerlicht hatten, war sie eine unschätzbare Kraftquelle im Angesicht der Nazibar-
barei, die nach allem trachtete, was ihren Opfern gehörte, ihrem
materiellen und geistigen Besitz, ihrer menschlichen Würde und ihrem
Leben. Im Lager, so heißt es bei Milan Kuna, habe die Kultur für
einen »nicht unerheblichen Rest sozialer Wärme« gesorgt, »ohne die
das Leben erstarrt«; in ihr hätten sich »Erinnerung und biographische
Selbstvergewisserung« kristallisiert, »Spontaneität und Selbstbe-
stimmtheit, Gemeinschaftserfahrung und Selbstachtung«.[76]

Musik ist weder Ersatz für Unterhaltung gewesen noch bloße
Zerstreuung nach körperlich erschöpfender Arbeit. Sie war für
die Häftlinge der mit verzweifeltem Trotz geführte Kampf um
den Menschen als Kulturwesen, sie war die Anstrengung, ihre
Zugehörigkeit zu jener europäischen Kulturtradition zu
beweisen und zu zementieren, aus der sie die Herren des
'Dritten Reiches' herausreißen wollten.[77]

Daß das Bedürfnis der Gefangenen nach Kultur von den Macht-
habern mißbraucht wurde, um aller Welt »normale« Lebensbedin-
gungen vorzutäuschen, ändert nichts an der Tatsache, daß die kulturelle Arbeit im Lager Theresienstadt ein bewegendes Zeugnis der
Selbstbehauptung und des geistigen Widerstandes darstellt.

75   H.G. Adler, Theresienstadt, ebd., S. 677.
76   Milan Kuna: Musik an der Grenze des Lebens. Musikerinnen und Musiker aus
     böhmischen Ländern in nationalsozialistischen Konzentrationslagern und
     Gefängnissen. Frankfurt a.M. 1993, S. 353.
77   Kuna, ebd., S. 244.

Vorträge
Dr. Paul Blum.

Themen:

Deutscher Humor, französ. Esprit, jüd. Witz.
Von Wilhelm Busch bis Christian Morgenstern
Vom grotesken Humor
Humor aus Ost und West
Fünf Jahre französischer Haft
Rousseau und unsere Zeit.
Französischer Esprit (franz.)
Von Baudelaire bis Maeterlinck (franz.)
Rostands „Cyrano de Bergerac (franz.)

Warum ich diese Vorträge hielt und noch halte? Um die
Hörer eine Stunde lang die trübe Umwelt vergessen zu lassen
und kummervolle Gesichter sich aufhellen zu sehen.

Herrn Karel Hermann freundschaftlich zugeeignet

7. V. 1944.

Paul Blum.

Öffentliche Ankündigung einer Vortragsreihe.
Gedenkstätte Terezín: PT 4155.

»Stadtverschönerung«

Auf Anordnung der SS mußte die Selbstverwaltung seit Ende 1943 die Straßen ausbessern lassen und durch »richtige« Straßennamen kennzeichnen. Sie hatte dafür zu sorgen, daß Grünanlagen mit Blumenbeeten und ein Spielplatz angelegt, Häuserfassaden gestrichen, die Essensausgabestellen hergerichtet, ein Betsaal und richtige Theatersäle geschaffen sowie die Unterkünfte der Dänen, Holländer und »Prominenten« auch innen in »Vorzeigewohnungen« verwandelt wurden. Das »Ghetto« hieß fortan »jüdisches Siedlungsgebiet«, die Ghettowache nannte sich »Gemeindewache« und das Columbarium »Urnenhain«. Tagesbefehle an die Gefangenen wurden als »Mitteilungen der Selbstverwaltung« ausgegeben. Im Sommer durfte man sich nun bis 22 Uhr im Freien aufhalten. Im eigens gebauten Musikpavillon auf dem Stadtplatz gab die Stadtkapelle regelmäßig Platzkonzerte. Martha Glass notierte: »Man kommt sich vor wie in einem wunderschönen Kurort und kennt das dreckige Theresin, wie es noch vor einem halben Jahr war, überhaupt nicht wieder.«[78] Theresienstadt war von der SS zum »Vorzeige-Ghetto« bestimmt worden und sollte nun dazu dienen, die an die Öffentlichkeit gesickerten Informationen über die Greuel in den Konzentrations- und Vernichtungslagern Lügen zu strafen. Die Verwandlung des Lagers, oder genauer, eines Lagerteils in eine »Mustersiedlung« war ein ungeheuerliches Täuschungsmanöver, mit dessen Hilfe die Nationalsozialisten ihre wahren Absichten, den millionenfachen Mord an den europäischen Juden, kaschieren wollten.

Wichtigster Anlaß für die »Verschönerungsaktion« war die Ankündigung ausländischen Besuchs gewesen. Nach vorangegangenen Visiten von SS-Funktionären, Vertretern der deutschen Presse und des Deutschen Roten Kreuzes (DRK) traf am 23. Juni 1944 nach siebenmonatiger Vorbereitung erstmals eine internationale Kommission in Theresienstadt ein, um sich vor Ort ein Bild von der Lage der dänischen Häftlinge zu machen. Sie setzte sich aus zwei Dänen (dem Chef der politischen Abteilung des dänischen Außenministeriums und einem Beauftragten des Dänischen Roten Kreuzes) sowie einem Schweizer Vertreter des Internationalen Roten Kreuzes (IRK) zusammen. Von deutscher Seite waren Lagerkommandant Rahm, die SS, Vertreter des Auswärtigen Amtes und des DRK sowie, als einziger

---

78   Eintragung vom 23.6.1944.

Jude, Paul Eppstein zugegen. Die Gäste spazierten nach Plan über die vorher von den Häftlingen mit Seife gereinigten Fußwege, besuchten eine Aufführung von Krásas Kinderoper »Brundibár« sowie Sportveranstaltungen. Sie konnten miterleben, wie den Gefangenen das Brot mit weißen Handschuhen zugeteilt wurde und überhaupt reichliche Essensportionen ausgegeben wurden. Die Schule war »zufällig« geschlossen, denn die Kinder, so lautete die Erklärung, hatten »Ferien«. Keiner der deutschen und tschechischen Gefangenen durfte mit den Fremden reden, und die Kommission stellte nur den Dänen und Mitarbeitern der jüdischen Selbstverwaltung einige Fragen.[79] Für die Gefangenen war das Ergebnis, ohne daß sie es ahnten, niederschmetternd. Die Kommission war mit Erfolg getäuscht worden; niemand hatte zur Kenntnis genommen, daß hinter den geputzten Fassaden die Menschen in erbärmlichsten Unterkünften hausten und daß viele Bereiche des Lagers bei der Führung ausgespart worden waren.

Die »Verschönerung« diente noch einem weiteren Zweck. In der Regie von Kurt Gerron, dem einstigen Berliner Kabarettisten und derzeitigen Leiter des »Karussells«, wurde ein monströses Propagandamachwerk geschaffen, der Film »Theresienstadt«, der irrtümlich unter dem Titel »Der Führer schenkt den Juden eine Stadt« bekannt geworden ist.[80] Als Mitwirkende wurden Tausende von Häftlingen, zumeist gegen ihren Willen, herangezogen. Szenen im Kaffeehaus, in den Grünanlagen, auf dem Fußball- und auf dem Spielplatz wechselten mit Ausschnitten aus der Arbeitswelt, in denen die Menschen fröhlich in die Kamera zu blicken hatten. Mit dem Film wollten die Nazis das »Luxusleben« in Theresienstadt vorführen und die Juden als »Parasiten« denunzieren. So lautete denn auch der Kommentar der deutschen Filmwochenschau, die im Herbst 1944 die Kaffeehausszene des Films auswählte und sie einer Kriegsszene mit kämpfenden deutschen Soldaten gegenüberstellte, wie folgt: »Während in Theresienstadt Juden bei Kaffee und Kuchen sitzen und tanzen, tragen unsere Soldaten alle Lasten eines furchtbaren Krieges, Not und Entbehrungen, um die Heimat zu verteidigen.«[81] Nach Beendigung der Filmarbeiten wurden Kurt Gerron und fast alle wichtigen Mitarbeiter nach Auschwitz deportiert und ermordet.

---

79   Vgl. Eintragung vom 23.6.1944.
80   Vgl. hierzu das Referat von Karel Margry: Der Nazi-Film über Theresienstadt. In: Theresienstadt in der 'Endlösung der Judenfrage', ebd., S. 285-306.
81   H.G. Adler, Theresienstadt, S. 184.

Weitertransporte in die Vernichtungslager

Nicht ohne Grund gab man Theresienstadt später den Beinamen »Wartesaal des Todes«. Als ein Teil der »Endlösung« war das Lager für die meisten Gefangenen nur eine Zwischenstation auf dem Weg in die Vernichtung; in der Zeit vom 9. Januar 1942 bis zum 28. Oktober 1944 wurden rund 88.000 Menschen weiter nach Osten deportiert. Die Weitertransporte in die Vernichtungslager wurden durchgeführt, ohne daß Namen wie Auschwitz, Treblinka, Sobibor, Belzec, Chelmno, Majdanek genannt wurden. Man sprach vom »Osten« oder von »Polen«; bei den Deportationen im September und Dezember 1943 sowie im Mai 1944 war die Rede vom Transport zum »Arbeitseinsatz« in das »Arbeits- und Familienlager Birkenau«. Niemand ahnte, daß es sich hierbei um Auschwitz II handelte, denn dieses Vernichtungslager war den Menschen zumindest als Name bekannt. Die Deportationen im Herbst 1944, die letzten großen Transporte aus Theresienstadt, sollten angeblich ins Reichsgebiet gehen, ihr Ziel war jedoch ebenfalls Auschwitz II. In diesen elf Transporten wurden rund 18.400 Gefangene deportiert. Danach befanden sich noch rund 11.000 Menschen im Lager.

Als das Ende des Krieges absehbar war, versuchte die SS nach Kräften, die Spuren ihrer Verbrechen zu verwischen. Ab Dezember 1944 mußte die Lagerverwaltung alle amtlichen Niederschriften über die Deportationen, Transportlisten und Statistiken, aber auch viele andere Dokumente über die wahren Bedingungen im Lager, an die SS ausliefern. Das Material wurde größtenteils verbrannt.

Befreiung

Auf Drängen jüdischer Organisationen konnten im Februar 1945 1200 Gefangene in die Schweiz reisen. Obwohl niemand so recht an eine Reise in die Freiheit glauben wollte, überstieg die Zahl der Reisewilligen die vereinbarte Zahl bei weitem.

Die Proteste der jüdischen Weltorganisationen gegen die Untätigkeit der Alliierten angesichts der mittlerweile zum Teil bekanntgewordenen, zum Teil befürchteten, Verbrechen der Nazis in den Lagern führten auch dazu, daß am 6. April 1945 zum zweiten Mal eine Kommission nach Theresienstadt geschickt wurde, dieses Mal unter der Leitung des Genfer IRK-Delegierten Paul Dunant. Wiederum wurde von SS-Seite alles versucht, um die Besucher zu täuschen. Doch die politische Lage hatte sich inzwischen so zugespitzt, daß das Lager nicht mehr aus den Augen gelassen wurde. Dunant kam im Laufe des Monats April mehrfach wieder. Am 22. April wurden die Gefangenen vom Ältestenrat in einer offiziellen Erklärung darüber informiert, daß Dunant im Namen des IRK dem »jüdischen Siedlungsgebiet Theresienstadt« seine Unterstützung für die kommende Zeit zugesagt habe. Die Menschen wurden nachdrücklich aufgefordert, »Ruhe und Ordnung« zu bewahren.[82]

Ruhe zu bewahren war für die Betroffenen sehr schwierig. Bereits am 15. April 1945 hatten die dänischen Gefangenen mit Hilfe des Schwedischen Roten Kreuzes das Lager verlassen. Wenige Tage später erreichten 15.000 KZ-Gefangene auf ihren Hungermärschen nach Westen das Lager Theresienstadt und brachten Gewißheit über den Massenmord in den Vernichtungslagern.[83] Sie waren größtenteils an Flecktyphus erkrankt und wurden sofort unter Quarantäne gestellt. Dennoch infizierten sich viele der Gefangenen und starben. Am 5. Mai wurde das Lager vom IRK übernommen; die SS zog ab, der Kommandant ergriff die Flucht. Dem ehemaligen Oberrabbiner von Berlin und Gefangenen in Theresienstadt, Leo Baeck, wurde die Leitung des Lagers übertragen. Am 10. Mai 1945, einen Tag nach Ankunft der Roten Armee, wurde Theresienstadt den Russen übergeben.

Die Rückführung der Gefangenen in ihre Heimatländer erwies sich als ungemein schwierig. Schienen und Straßen waren zum großen Teil zerstört, und es gab weder genügend Züge noch Lastwagen. Zeitweilig bestand auch auf Grund des im Lager herrschenden Flecktyphus Reiseverbot. Am 30. Juni zählte man immer noch 6000 Bewohner; der letzte Transport am 8. August ging nach Berlin. Die Fahrt dauerte, mit vielen Unterbrechungen, zwei Tage und zwei Nächte. Unter den Reisenden befand sich auch Martha Glass.

---

82   Vgl. Eintragung vom 23.4.1945.
83   Weitere 13.500 Häftlinge aus anderen Lagern kamen nach dem 20. April nach Theresienstadt.

EPILOG

Am Morgen des 12. August 1945 traf Martha Glass auf dem Görlitzer Bahnhof in Berlin ein, wo sie von ihrer Tochter Edith und deren Familie empfangen wurde. Ende des Monats erhielt sie nach vier Jahren den ersten Brief ihrer Tochter Ingeborg aus New York. Eineinhalb Jahre nach ihrer Rückkehr aus Theresienstadt wanderte Martha Glass in die USA aus. Vermutlich war es die große Hungersnot im Nachkriegsdeutschland, die sie zu diesem Schritt veranlaßte. Am 28. Februar 1947 bestieg sie in Bremerhaven die 'M. Flasher'; bei ihrer Ankunft am 13. März ankerte das Schiff gemäß den Quarantänebestimmungen noch eine weitere Nacht vor der Einfahrt in den Hafen mit der Freiheitsstatue. Martha Glass gestand in ihrem Reisetagebuch: »Ich muß immer an den Hamburger Hafen mit dem Bismarck denken. Mir ist recht wehmütig zu Mute und ich kann mich nicht restlos freuen.« Am nächsten Tag wurde sie von ihrer Tochter empfangen, die sie neun Jahre lang nicht gesehen hatte.

Ihre neue Wohnung befand sich in Washington Heights, einem New Yorker Stadtviertel, in dem viele Flüchtlinge aus Europa zu Hause waren. So war es nur natürlich, daß ihr Bekanntenkreis überwiegend aus deutschen Emigranten bestand. Mit dem Geld, das ihr im Zuge der »Wiedergutmachung« als Gegenwert für das Haus in der Mönckebergstraße und andere zwangsverkaufte Grundstücke gezahlt wurde, bestritt sie ihren Lebensunterhalt.[84] In ihrem täglichen Leben nahm das Essen einen besonders wichtigen Platz ein; die Hungerjahre in Theresienstadt hatten ein Trauma bei ihr zurückgelassen.

Noch einmal kehrte Martha Glass nach Deutschland zurück. Auf ihrer dreimonatigen Reise nach Bad Gastein und Baden-Baden besuchte sie, begleitet von ihrer Tochter Edith, im Sommer 1953 auch Hamburg. Elf Jahre waren seit ihrer Deportation nach Theresienstadt vergangen. Wieder war es ein Tagebuch, in dem sie am 11. Juli, einen Tag vor der Ankunft in der Hansestadt, während das Schiff den Hafen von Southampton verließ, notierte: »Heute ist der strahlendste Tag der Reise. Das Meer ist wie die Binnenalster.« In Hamburg traf sie Bekannte von früher, u.a. ihren ehemaligen Arzt, Dr. Berthold Hannes, Freunde ihrer Töchter und ihr früheres Dienst-

---

84 Das Haus in der Abteistraße war nach dem Krieg wieder im Besitz der Familie und wurde später verkauft.

am 14. März

AUFBAU

Es trafen ein:

Aus Argentinien: **Daniel Meier** (fr. Karlsruhe), 40 Park Avenue, Rochester, N. Y.

Aus Belgien: **Eva und Helene Feuerzeug** (fr. Elberfeld), c/o E. Mantel, 141 W. Bigelow St., Newark, N. J.

Aus Deutschland: **Martha Glass** (fr. Hamburg, Berlin), c/o Edgar Tureur, 92 Pinehurst Ave., NYC.; **Grete Sander**, geb. **Simon** (fr. Köln, Bremen), und **Lili Reimann**, geb. **Sander** (fr. Köln), c/o Werner Simon, 914 W 62 St., Chicago, Ill.; **Hanne Putzrath** (fr. Breslau), 222 E 76 St., NYC.

Aus England: **Elsbeth Herzstein**, 136 Chester Ave., Brooklyn, N.Y.; **Kenneth Fox** (fr. Richtenberg, Klaus Fuchs), c/o Greenberg, 2165 Ryer Ave., Bronx, N.Y.; **Hansi Nathan** (fr. Düsseldorf) c/o Eric Nelson, 11 W. Benson St., Reading-Cincinnati, Ohio.

Aus Ecuador: **Ernest M.** und **Lotte Brück**, 495 Witmer St., Los Angeles, Calif.

Aus Frankreich: **Jack Goldschmidt u. Rosa**, geb. **Gerichter** (fr. Frankfurt a. M.), 324 W 88 St., NYC.; **Ida Adler** (fr. Paris), c/o M. Adler, 40-67 Hampton St., Elmhurst, L. I.

Aus Holland: **Walter Rosen**

BUFFALO

The Hav

Buffalo Jewish
Pres. Arthur Stern,
Ave., Sec. Miss
150 Anderson

Sunday, March 3
Temple Beth Zion,
Ave.: Mrs. Harry C
chairman, presents
group of B'nai B
There a Doctor in
Refreshments —

Clevele

Congregation Gat
10550 Eucli
Rabbi Dr. Enoch H

Fr., 28. März, 8:15
tesdienst und Predi
März, 9 a. m., High S
10 a. m., Sunday Sch
Generalversammlg. c
Kadischa; 7 p. m., .
kunft der Junior (

———— Notiz in der deutschsprachigen Nex Yorker Emigrantenzeitung »Aufbau« vom 28.3.1947

mädchen Paula. In ihrem Geschäftshaus Mönckebergstraße/ Ecke Bergstraße wohnten, so wurde ihr erzählt, noch fast alle alten Mieter, einschließlich des Hauswarts. Neue Eigentümerin war eine Krankenversicherung, die dort bereits seit 25 Jahren untergebracht war. Das auf dem Bürgersteig vor dem Haus eingelassene Mosaik, »Haus Glass«, hatte den Krieg unbeschadet überstanden.

Auf dem Friedhof in Ohlsdorf ließ Martha Glass einen Gedenkstein für ihren Mann errichten. Sie ging auf den vertrauten Wegen in Flottbek und Hochkamp spazieren und wanderte an ihrer, wie sie schrieb, »geliebten Elbe« entlang.

Als Martha Glass Hamburg auf dem Weg nach Bad Gastein mit dem Schlafwagen verließ, nahm sie endgültig Abschied und schrieb in ihr Journal: »Leb wohl, mein liebes Hamburg?!« Das Wiedersehen mit alten Freunden und Bekannten hatte sie mit Freudeund zugleich mit Bitterkeit erfüllt. Nicht nur die Jahre, die inzwischen vergangen waren, sondern auch die Befangenheit und die Schuldgefühle der in Hamburg gebliebenen Menschen ihr gegenüber ließen einen ungezwungenen Umgang nicht mehr zu. Im Oktober 1953 kehrte Martha Glass nach New York zurück; ein Leben in Deutschland konnte sie sich nicht mehr vorstellen. Die letzten Jahre verbrachte sie in einer Altenpension in Washington Heights, aber zu Hause fühlte sie sich nirgends. Über die Zeit in Theresienstadt sprach sie selten, und das Tagebuch gab sie niemandem zu lesen. Sie starb am 7. April 1959 im Alter von 81 Jahren.

Martha Glass hat den Lageralltag mit seiner Allgegenwart von Willkür und Terror, von Tod und Angst mit zähem Selbstbehauptungswillen aufmerksam und eindringlich beschrieben. Ihre Aufzeichnungen sind kein literarisches Kunstwerk, sondern das Dokument einer Zeit, die sich immer weiter von uns entfernt, mit deren Vermächtnis wir uns aber immer wieder neu auseinandersetzen müssen. Als Zeugnis einer Überlebenden gemahnt uns das Tagebuch der Martha Glass an all jene Menschen, die der Vernichtungsmaschinerie der Nationalsozialisten zum Opfer fielen.

Barbara Müller-Wesemann

Martha Glass

MEIN TAGEBUCH

EDITORISCHE NOTIZ

Das Tagebuch umfaßt die Zeit von zwei Jahren und sieben Monaten. Es besteht aus drei Oktavheften: Die erste Eintragung in Heft 1 erfolgte zwischen dem 6. und 11. März 1943 (undatiert), Heft 2 beginnt mit einer Notiz vom 15. November 1943, Heft 3 beginnt am 1. August 1945 und endet mit einer Eintragung vom 8. November 1945.

Notizen und Gedichte, die sich ebenfalls in den Heften befinden, aber nicht unmittelbar Bestandteil des fortlaufenden Tagebuchs sind, werden in der Edition gesondert aufgeführt. Offensichtliche Schreibfehler wurden korrigiert, veraltete Schreibweisen wurden beibehalten, Abkürzungen weitgehend belassen. Ergänzungen der Herausgeberin wurden in eckige Klammern gesetzt. Das Tagebuch wird im übrigen unverändert abgedruckt.

Mein besonderer Dank gilt Ingeborg Tuteur, nicht allein für die vielen Gespräche, sondern auch für das Vertrauen, das sie mir mit der Überlassung des Tagebuchs entgegengebracht hat. Sehr zu Dank verpflichtet bin ich Inge Adler für ihre tatkräftige Unterstützung als Vermittlerin und Zeitzeugin, Dr. Rolf D. Krause für eine Reihe förderlicher Hinweise und Hans-Harald Müller für die kritische Durchsicht des Manuskripts. Die abgedruckten Bilddokumente wurden mir von Frau Tuteur, der Gedenkstätte Terezin, dem Staatsarchiv Hamburg und dem Institut für die Geschichte der Deutschen Juden, Hamburg zur Verfügung gestellt. Auch dafür möchte ich mich an dieser Stelle bedanken.

B. M.-W.

1.
Martha Glass VI/2
15.11.1942
L. 104 Zim. 014
1878
An die Verteilungsstelle für Kleidung
und Gebr[auchs]gegenstände
III. Bezirk:

Ich ersuche um 1 warm. Morgenrock
1 dunkl. Unterkleid 44
1 Schuhbürste
1 Trinkbecher
1 Keilkissen
da keinerlei Gepäck erhalten

—— Entwurf für einen Antrag auf Kleidung. Die Ziffern hinter dem Namen verweisen auf die Deportation aus Hamburg.

Ich sah heut 1000 Menschen
verstörten Angesichts
Ich sah heut 1000 Juden
die wanderten ins Nichts
Ins Grau des kalten Morgens
zog die verfemte Schar
Und hinter ihr verblaßte, was einst
ihr Leben war –
Sie schritten durch die Pforte
und wußten – nie zurück
Und ließen alles draußen
die Ehre, Geltung, Glück.
Wohin wird man sie führen,
wo endet einst ihr Pfad
Sie wissen nur das eine,
das Ziel heißt Stacheldraht.
Und was dort ihrer wartet
sind Elend, Qual und Not,
Sind Schmerzen, Jammer, Seuchen
für Viele bitterer Tod –
Ich sucht in ihrem Auge
mit brüderlichem Blick
Erwartend tiefsten Jammer
ob solchem Mißgeschick.
Doch voller Staunen sah ich
ein tiefes tiefes Mühn
Um Haltung und Behauptung
in ihren Augen glühn.
Da hab ich voller Staunen
den Geist des Volks erkannt
Das auserwählt zum Leiden
das Leiden auch gebannt.
Das sich aus Not und Elend, aus
Qualen, Fron und Haft
Noch immer hat erhoben mit
ungebrochner Kraft.
Ich sah heut 1000 Menschen verstörten Angesichts
und sah in ihren Augen den Strahl
des ewigen Lichts.

Mit diesem Gedicht in der Handschrift Hermann Glass' beginnt das Tagebuch.
Nach Aussagen seiner Tochter Ingeborg Tuteur hat Hermann Glass das Gedicht
nicht selbst verfaßt. Der Autor des Gedichts ist nicht bekannt.

1944

Transport gezogen wie
durch eine Räuber, weil
andere (Strafgefangene)
eingereiht wurden.
Die Freude ist groß.
Hoffentlich bleiben
sie endgültig. Vor
Donnerstag, wo der
3te + letzte Transport
geht kommen wir
alle nicht zur Ruhe
denn hätten wir wie
der eine Galgenfrist
bis zum nächsten
Transport. Jeder Tag in
Theresin ist ein Geschenk.
17 Nun müssten die
armen Herz plötzlich

———— ... Jeder Tag in Theresin ist ein Geschenk...

1943[1]

Am 19. Januar ging Hermann[2] heim, an schwerem Durchfall, Herz-schwäche infolge Hungers, an dem wir alle furchtbar leiden. Das Leben in Th[eresienstadt] geht weiter und man kommt vor lauter Arbeit und Dienst am Nächsten nicht mal zum Bewußtsein des schweren Verlustes.

Am 3. März kam nach 7 Monaten ein erstes Lebenszeichen der Kin-der aus Berlin[3] in Form eines Päckchens, das leider fast gänzlich aus-geplündert war. Der Inhalt bestand aus 1/4 Pfund Schweineschmalz, 2 frischen ungekochten Eiern, die merkwürdigerweise vollkommen unversehrt hier ankamen, Theetabletten und Rheumatabletten. Eier sind hier solch rarer Artikel, daß ich für 1 Ei 1 ganzes Brot tauschen konnte, für mich das wertvollste Nahrungsmittel, da man immer Hunger hat und fast nur von trockenem Brot lebt.

Und nun das Menü einer Woche:
Sonntag d. 7. März: Mittags Rüben und Kartoffeln, abends Knödel, Montag d. 8. März : Mittags Suppe, Hirse, abends Kaffee, 20 Gr. Margarine,
Dienstag d. 9. März: Mittags Suppe, Knödel, abends Kartoffelsuppe, Mittwoch. d. 10. März: Mittags Suppe, Gulasch, Kartoffeln, abends Kaffee, 20. Gr. Margarine,
Donnerstag d. 11. März: Mittags Suppe, Kartoffeln, abends Kartoffelsuppe m. Sauce,
Freitag d. 12. März: Mittags Suppe, Kartoffeln, abends Suppe, 10 Gr. Margarine,
Sonnabend d.13. März: Mittags Suppe, Hachez[4], Kartoffeln, abends Kaffee, 70 Gr. Margarine.

---

1   StaHH: 622-1 Familie Glass 1943-1945, 2
     Heft 1 des Tagebuchs ist auf der Umschlagseite mit einem Aufkleber versehen. Er trägt die Aufschrift: Hermann Glass L 104 (= Adresse in Theresienstadt). Heft 2 hat einen Aufkleber mit der Aufschrift: Konto-Buch für Kasse und trägt auf der Innenseite den Stempel der Druckerei: Behn & Eckers, Steindamm 24.
2   Hermann Glass, geboren am 8.11.1863 in Stanowitz/ Breslau, starb am 19.1.1943 im Alter von 79 Jahren.
3   Die Tochter Edith lebte mit ihrem Mann Reinhard Benecke und ihrer Tocher aus erster Ehe, Renate, in Berlin.
4   Hackfleisch.

Am 5. März starb Frl. Hartoch, 80jährig, nachdem sie in der Entlausungsanstalt war. Mit dem Schmalz aus dem Päckchen bestrich ich meinen 8 Zimmergenossinnen (wir sind deren 10) je eine Schnitte; es war ein ungewohntes Festmahl und die Dankbarkeit groß. Ich bin Stubenälteste und Zimmerkommandantin, habe den Oberbefehl über alle und bin verantwortlich für alles.

Frau Dr. Aren (Stettin)
Frau Dr. Heß (Hamburg)
Frau Friedheim (Hamburg)
Frl. Friedheim (Hamburg)[5]
Frl. Bergheim (Berlin)
Frl. Wolfram (Würzburg)
Frau Cohen (Hannover)
Frau Galanzky (Prag)
Frau Kohn (Tabor)
Frau Glass (Hamburg)

Kein Stuhl, kein Tisch, kein Schrank, Nägel an den Wänden für die Kleider.

3mal täglich steht man Schlange auf dem Kasernenhof, um aus großen Holzfässern das kärgliche Essen in einer Schüssel zu fassen.

Jetzt im März ist himmlisches Wetter, früh und abends kalt, am Tage Sonne und egal blauer Himmel.

Jeden 3. Tag gibt es 1 Kilo Brot pro Kopf, mal gut, mal ungenießbar, das natürlich niemals reicht. Kaufen könnte man alles: Brot [...] 1 1/2 Kilo, Kartoffeln das Kilo [...], Zucker [...] das Kilo, Margarine [...] das Kilo.[6]

Ich muß jetzt noch nachtragen, daß ich mein Gepäck niemals erhalten habe und es mir am Nötigsten fehlt. Mit einem Strickrock und der von Lina zum 60. Geburtstag geschenkten Matinée[7] gehe ich als einzige Bekleidung seit 6 Monaten. Unterwäsche nur von Hermann, ebenso Pyjama. Ein Damennachthemd werde ich wohl nie wieder anhaben. Einen braunen schäbigen Mantel bekam ich von der Für-

---

5   Wilhelmine und Hertha Friedheim waren Mutter und Tochter. Wilhelmine Friedheim wurde am 15.5.1944 von Theresienstadt nach Auschwitz weiterdeportiert, ihre Tochter drei Tage später. Sie wurden beide ermordet.

6   Im Manuskript nicht entzifferbar.

7   Morgenrock

sorge, ebenso ein paar derbe Schuhe, in denen ich 3mal täglich zur Kaserne zum Essenholen gehe. Mit Kopftuch, 2 verschiedenen Handschuhen, verkommen wie eine 80jährige Bettlerin, weiß ich nichts mehr vom früheren Leben, und ein Leben nach dieser furchtbaren Zeit kann ich mir nicht vorstellen.

Theresienstadt ist ein hüsches Landstädtchen, alle Bauten aus der Zeit Maria Theresias, umgeben von Bergen, die wir natürlich nur aus der Ferne bewundern können. Es war nur Festung, und kaum Civilpersonen wohnten hier. Statt 3000 Einwohnern leben jetzt 56.000 Juden zusammengepfercht auf engstem Raum. Jeder hat nur 65 cm auf seiner Holzpritsche zum Schlafen und am Tage fehlt jeglicher Raum und jedes Licht.

Die Kaserne (Theresienstadt) besteht fast nur aus Kasernen, heißen: Hannover Kaserne, Magdeburger K., Hamburger K., Dresdener K., Genie K., Hohen Elbe K., Cavalier K., Bodenbacher K., Aussig K., Jäger K., Sudeten K.

Infolge der nichtkanalisierten Straßen watet man bei schlechtem Wetter durch abgrundtiefen Schmutz. Typhus ist hier an der Tagesordnung. Außerdem sind hier alle Leute verlaust, Kopf- und Kleiderläuse, die sehr gefährlich sind, die Seuchen übertragen.

Zweimal wöchentlich gibts 1/4 ltr. Milch, Sonnabends 3 Löffel Zucker, einmal im Monat 1 Stück Seife. Vierteljährlich kann man Wäsche zur Waschanstalt geben. Im übrigen ist das Waschen ohne Seife unter der Pumpe mit eiskaltem Wasser eine Katastrophe. Auch das tägliche Auffeudeln der Küche (wir wohnen in derselben) und des Hausflurs ist eine schwere Arbeit. Man gewöhnt sich an alles, auch an das Schwerste. Wenn ich nur gesund bleiben könnte, um Euch Geliebte noch wieder zu sehen.

11. MÄRZ:

Heute war ich zum 5. Mal beim Zahnarzt Dr. Loewy[8] aus Hamburg. Mein Kiefer hat sich durch die Abmagerung so verändert, daß die Prothese nicht mehr paßt und der Arzt dauernd ohne Erfolg daran abfeilt. Gestern, am 10., hatte Frau Kahn aus Hamburg Geburtstag (66 Jahre).[9]

---

8   Familie Glass kannte ihn aus Hamburg. Seine Zahnarztpraxis war in der Rothenbaumchaussee 26. Berthold Alexander Loewy starb im Juni 1945 im Alter von 54 Jahren an Fleckfieber.

9   Siehe nächste Seite.

Von unserem Transport[10] sind leider so viele Bekannte nicht mehr unter den Lebenden: Im Oktober Frau Brühl, Herr Martienssen, Müller-Heyns (Selbstmord), Offenstadt (Selbstmord), Maler Müller, Frau Weishut, Frau Hersslik, Herr und Frau Heinemann, Gutmanns, Fischers[11] und so geht's unendlich weiter.

19. März:

Heute ist mein geliebter Hermann schon 2 Monate tot und ihm ist wohl, denn wie sich inzwischen die Verhältnisse in jeder Beziehung verschlechtert haben, sowohl, was die Ernährung als auch die Seuchen und Ungezieferplage anbetrifft. Man hungert eigentlich immer, die Mahlzeiten sind vollkommen unzureichend, und mit 1 Kilo Brot jeden dritten Tag kann man nicht auskommen.

Ich vergaß ganz, daß es hier seit einigen Monaten 6 Läden gibt, in welchen man gegen Punkte kaufen kann. Ein Kleiderladen, Schuhladen, Wäsche, Parfümerie, Hausstandssachen und Krämer. Jeder bekommt eine Punktkarte, auf die man lächerlich wenig bekommt. Ich kaufte einen grauen Sportrock, ein Corset mit Büstenhalter, eine Schachtel Streichhölzer, ein Glas Fettcreme, eine Thermosflasche. Beim Krämer bin ich noch nicht dran. Dort gibt es Senf, den wir mit Begeisterung auf trockenes Brot streichen, einen Bouillonwürfel, ein Päckchen Paprika und eine Tüte Familienthee.

Die großen Koffer mit Inhalt sind restlos gestohlen und man ist glücklich, wenn man irgend einen nicht passenden, nicht sitzenden Bekleidungsgegenstand von der Fürsorge bekommt.

9   Jenny Kahn, eine Freundin aus Hamburg, wurde am 15.5.1944 weiter nach Auschwitz deportiert. Ihr Mann, Johannes Kahn, war ein Skatbruder von Hermann Glass. Er starb am 29.2. 1944.

10   Gemeint ist damit die Gruppe der Menschen, die am 19.7.1942 aus Hamburg nach Theresienstadt deportiert wurden.

11   Gertrud Brühl (25.5.1870-23.8.1942), Arthur Martienssen (6.1.1867-21.10.1942), Müller-Heyns, gemeint sind vermutlich Lina Heyn, geb. Müller (4.1.1875-12.8.42) und Leopold Heyn (5.6.1866-11.8.1942); Leo Offenstadt (6.6.1870-4.1.1943), vermutl. Selbstmord, Karl Josef Müller (19.1.1865-29.10.1942), seine Frau Louise Müller, geb. 12.2.1872, wurde am 15.5.1944 nach Auschwitz weiterdeportiert; Helene Weishut (16.8.1872-22.11.1942); Erna Hersslik (20.11.1872-27.10.1942); Richard Heinemann (26.3.1872-4.10.1942); Hedwig Heinemann (2.2.1876-17.10.1942); Mannas Manfred Gutmann (17.12.1869-15.8.1942), Rosa Gutmann (12.7.1872-5.3.1943), vermutlich Hermann Hugo Fischer (23.7.1867-23.2.1943), Erna Fischer (25.5.1884-17.11.1942). Alle Daten nach dem Gedenkbuch »Hamburger jüdische Opfer des Nationalsozialismus«. Hamburg 1995. Bearbeitet von Jürgen Sielemann unter Mitarbeit von Paul Flamme. (Veröffentlichungen aus dem Staatsarchiv der Freien und Hansestadt Bd. XV). Von nun an als GB aufgeführt.

Meine Schwägerinnen Lina und Marta[12] habe ich seit Hermanns Tod kaum gesehen. Sie machen beide schwere Hausdienst[13], die eine 4, die andere 8 Stunden. Ich selbst hätte zu gerne eine mir zusagende Arbeit, kann aber in meinem Alter nichts mehr finden. Nur Arbeitende sind hier Menschen, bekommen extra Rationen usw., Bäder. Alle alten Leute sind überflüssig und sollen verrecken. Wie lange werde ich es aushalten!!!!

MITTWOCH, DEN 24. MÄRZ:
Heute hatte ich einen sehr aufregenden Tag, die erste Nachricht, eine Postkarte von den Kindern aus Berlin, datiert vom 13. Februar. Sie sind beisammen und bis jetzt ist G.s.D.[14] alles unverändert dort. Über Opas Tod sind sie erschüttert und ich bin als lebendig Begrabene ebenso erschüttert über den Gruß aus einer anderen Welt.
Übrigens ist Theresienstadt keine Bahnstation. Dieselbe heißt Bauschowitz.

2. APRIL:
Heute wird die geliebte Renate[15] 17 Jahre alt, ganz ohne Glückwunsch und ohne Geschenk der Großeltern. Wie mag sich die Zukunft des Mädels gestalten? Die ganzen unwiederbringlichen Jugendjahre können doch nicht so vergehen. Mal müssen doch bessere Zeiten auch für die Juden kommen.
Hier vergeht ein Tag wie der andere und doch unglaublich schnell. Man weiß nichts von Sonn- und Feiertagen und hat nur Interesse für die eine kärgliche Mahlzeit am Tage. Der Eßlöffel und eine Eßschale und der Brotbeutel sind die einzig wichtigen Utensilien.

6. APRIL:
Heute kam das 2. Päckchen von den Kindern mit herrlichem Inhalt, unberaubt.
1 Stück Leberwurst, womit ich jedem eine Schnitte bestreichen konnte, was helle Begeisterung auslöste, 1 Tüte feinen Zucker, etwas Schweineschmalz und 1 Carton selbstgebackener herrlicher Butter-

---

12 Lina Kummermann hatte in Wandsbek gewohnt, wurde später nach Auschwitz deportiert; Marta Freund aus Berlin starb am 19.4.1943.
13 Putzarbeiten außerhalb der eigenen Behausung.
14 Abkürzung für »Gott sei Dank«.
15 Enkelin in Berlin.

plätzchen. Bei diesem knappen Fraß hier ein unvorstellbares Glück. Es stimmt mich so wehmütig, daß der arme Opa diese Freude nicht mehr miterlebt hat.

9. APRIL:

Heute hat Frau Cohen Geburtstag. Ich schenkte ihr einen Waschlappen und ein Stück Kriegsseife. Dann spendierte ich allen eine Tasse echten russischen Thee aus den herrlichen Theetabletten. Ab heute Ausgehverbot und Lichtsperre auf unbestimmte Zeit.[16]

14. APRIL:

Heute am 14. April war Läuseuntersuchung. Bei mir wurde eine Kopflaus gefunden, der wir gleich zu Leibe gerückt und die man beim Kämmen mit dem Staubkamm absolut nicht finden konnte. Viel schlimmer sind Kleiderläuse, bei denen sich die armen Menschen schweren Prozeduren unterwerfen müssen und vor allem all ihr Hab und Gut in die Entlausung kommt und sehr ruiniert wird.

15. APRIL:

Heute haben wir den ersten Todesfall in unserem Zimmer: Frau Dr. Hess aus Hamburg, die im Juli 70 Jahre hätte werden sollen. Sie hat nur 2 Tage schwer gelitten und niemand konnte ihr das letzte Geleit geben, da seit 8 Tagen Ausgehverbot ist, außerdem absolute Lichtsperre.

19. APRIL:

Eben kommt Lina, um mir mitzuteilen, daß die arme Marta um 12 Uhr sanft entschlafen ist, 67 Jahre alt. Sie starb an einer Lungenblutung und vollständiger Entkräftung wie alle Menschen hier infolge des großen Hungers. Sie starb genau 1/4 Jahr nach Hermann. Auch ihr war es nicht vergönnt, ihre Kinder wiederzusehen.
16. April erster Pessachtag.[17]
Heute reichte ich ein Gesuch ein auf Grund des arischen Schwieger-

---

16 Licht- und Ausgangssperren gehörten zu den üblichen Strafmaßnahmen, die über das gesamte Lager verhängt wurden, wenn einer der Gefangenen gegen die Lagergesetze verstoßen bzw. einen Fluchtversuch unternommen hatte.

17 Jüdisches Fest im März/April. Es dauert eine Woche und wird zur Erinnerung an den Auszug der Kinder Israel aus Ägypten und die Befreiung aus der Sklaverei begangen.

sohns, um Sachen aus meinem nie erhaltenen Koffer zu erhalten. Ob das Gesuch befürwortet oder abgelehnt, bleibt abzuwarten.

Um 3 Uhr wird die arme Marta beerdigt.

Eben komme ich von der Beerdigung, wo wie stets 24[18] Särge standen. Ein Rabbiner, Dr. Förder aus Budweis, hielt die Trauerrede, so erhebend, wie ich noch keinen Redner gehört habe.

23. APRIL:
Heute hatte ich Besuch von Herrn Goldmann aus Amsterdam.

26. APRIL:
Heute war wieder der Läusearzt zur Untersuchung da, für mich die größte Aufregung. G.s.D. bei mir negativ. Frau Friedheim und Tochter müssen leider zur Entlausung.

3. MAI:
Heute bin ich wieder mal registriert worden, wieder eine große Angst und Sorge.[19]

11. MAI:
Heute kam das dritte Päckchen aus Berlin, sehnsüchtig erwartet! Inhalt: 1 Stück herrliche Cervelatwurst, Schweineschmalz und 1 Tüte Bonbons. Das ganze Zimmer strahlt über die Scheibe Wurst, die jeder abkriegt. Welch ein Jammmer, daß ich den Kindern nicht bestätigen darf, welch unbeschreibliche Freude ihre Päckchen machen und wie nötig sie einem unterernährten Körper sind.[20] Gebe Gott, daß auch diese Leidenszeit mal ein Ende nimmt.

12. MAI:
Jetzt hat man hier Ghettogeld[21] herausgegeben, Emblem »Moses mit der Gesetzestafel«. Wir Nichtarbeitenden bekamen 40 Kronen,

---

18 In Theresienstadt gab es keine Einzel-Totenfeiern.
19 Regelmäßige Überprüfung der Gefangenenzahlen. Vermutlich fanden solche Registrierungen auch vor allen Weitertransporten in die Todeslager statt.
20 Dem Sender des Paketes durften nur vorgedruckte Karten geschickt werden. Darauf stand nach der Anrede als einziger Satz: »Ich bestätige dankend den Erhalt Ihres Paketes vom …«
21 Ghettogeld gab es ab Mai 1943; es handelte sich dabei um Scheine zu 1, 2, 5, 10, 20 und 100 Kronen, die nur im Lager gültig waren. Größe und Farbe der Scheine waren je nach Wert unterschiedlich.

Theresienstädter »Ghetto-Kronen«

73

1 20-Kr.-Schein, 1 10-Kr.-Schein, und 2 Fünfer. Über den Wert noch über die Verwendung des Geldes ist bis jetzt etwas bekannt.

16. MAI:
Heute hat man die 18jährige Hilde Dublon[22] beerdigt, die an einer verschleppten Mittelohrentzündung gestorben ist. Ich bin tief erschüttert, war sie doch eine Ferienfreundin von Renate. Es stirbt hier die blühende Jugend an Typhus, Gelbsucht, Hirnhautentzündung usw... Für die geschiedene Mutter ein nicht zu überwindender Verlust.

17. MAI:
Heute war in aller Frühe die Läuseuntersuchung, die sehr gründlich und immer wieder aufregend ist. G.s.D. bin ich frei. Außerdem konnte unser Transport heute nach 6 Monaten Schmutzwäsche zur Wäscherei bringen. Leider sind nur 2 Kilo pro Person erlaubt.

3. JUNI !!![23]

5. JUNI:
Reinhards[24] 41. Geburtstag ist heute, und ich habe kein Lebenszeichen und die Kinder, keins von mir.

Man muß staunen und bewundern, was die Juden hier alles leisten und fertigstellen. Von Bauschowitz haben sie einen Schienenstrang nach Theresienstadt gelegt und diese Bahn ist am 1.6. mit Guirlanden eröffnet worden. Sie dient in der Hauptsache dazu, Kohlen, Kartoffeln und andere Güter direkt in den Ort zu befördern. Dann arbeiten sie enorm an der Kanalisation und Anlage der Wasserleitung. Auch unser Haus, in dem bis jetzt nur eine Pumpe uns versorgt hat, bekommt in Kürze eine Wasserleitung, was eine große Erleichterung sein wird für schwache Menschen, denen das Pumpen eine große Anstrengung ist.

9. JUNI:
Läuseuntersuchung. In unserem Zimmer G.s.D. alle frei.

22   Hilde Dublon, geboren am 10.9.1924 in Hamburg, gestorben am 15.5.1943 in Theresienstadt.
23   Der Grund für die besondere Hervorhebung dieses Datums ist nicht bekannt.
24   Reinhard Benecke, Marthas nichtjüdischer Schwiegersohn in Berlin.

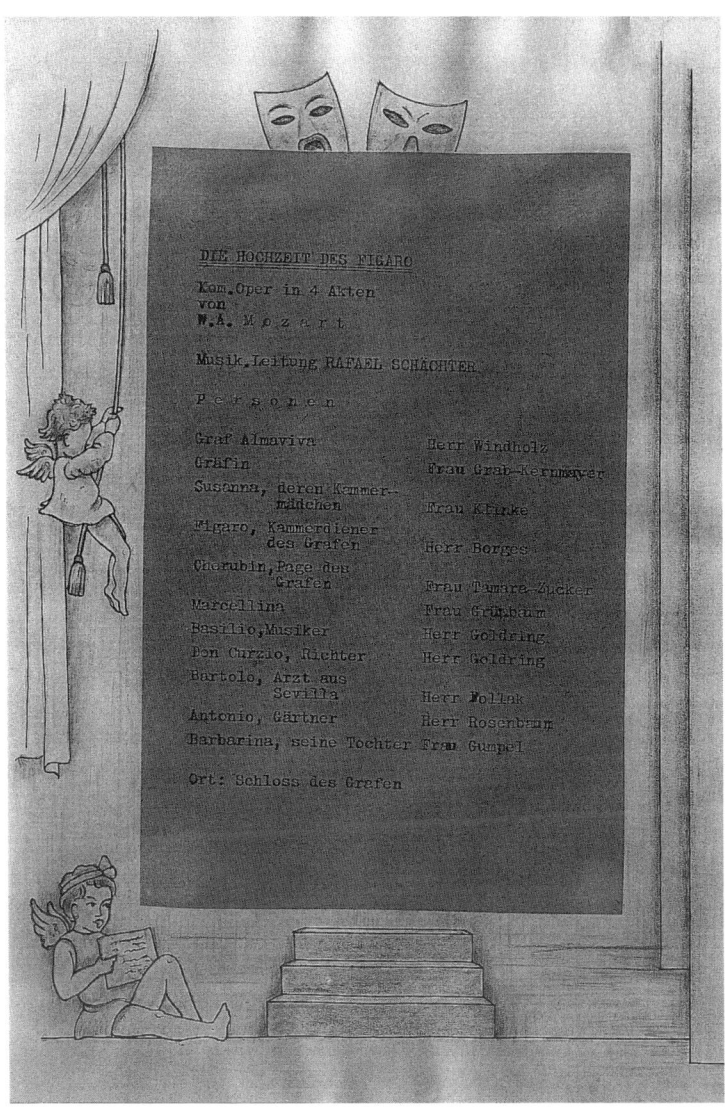

━━━ Ankündigung von Mozarts »Die Hochzeit des Figaro«.
Gedenkstätte Terezín: PT 3792.

11. JUNI:

Ich durfte heute nach 5 Monaten mal wieder eine Karte an die Kinder schreiben, die sie hoffentl. erreicht. Auch bekamen wir heute die Februarrate in Kronen (75 Kronen). Ich bin sehr gespannt, was man sich für das Geld wird kaufen können.

13. JUNI, PFINGSTSONNTAG:

Immer noch sehr kühl und regnerisch. Ich bekam ein Billett zu 'Figaros Hochzeit'. In einem ganz primitiven Saal in der Magdeburger Kaserne[25] ist ein Podium mit Vorhang und einer Stuhlreihe für die Mitwirkenden. Sie sind im Straßenanzug und treten einzeln vor. Ein Kapellmeister am Flügel ist die einzige Begleitung.[26] Unvergeßlich wird mir diese Aufführung sein. Solch erstklassige Künstler, solch eine Begleitung, solch musikalischer Genuß, da vergißt man Hunger, Kummer und alle Theresienstädter Sorgen für 2 Stunden. Man sitzt auf langen Holzbänken auf unnumerierten Plätzen. Was hier an Größen auf jedem Gebiet, geistig, musikalisch, Ärzte, Ingenieure, Architekten, kurzum, an Intelligenz beisammen ist, läßt sich nicht beschreiben.

15. JUNI:

Heute wurde ich zum 2. Male gegen Typhus geimpft, die Leute bis 65 Jahre.[27] Hinterher hatte ich Schüttelfrost und arge Schmerzen im rechten Arm. Eine Beruhigung ist es auf alle Fälle, denn die Seuche stirbt hier nicht aus, und es fallen ihr viele Menschen zum Opfer.

17. JUNI:

Es ist erstaunlich, was durch die Freizeitgestaltung den Juden hier an künstlerischen Genüssen geboten wird. So war ich heute in einem Kammermusikabend, wo Haydn- und Beethoven-Quartette vollendet

---

25 Die »Magdeburger Kaserne« war vor allem Sitz der Selbstverwaltung.

26 Die Einstudierung und musikalische Begleitung dieser Mozart-Oper hatte der Dirigent Rafael Schächter übernommen; Bedřich Borges sang den Figaro, Walter Windholz den Grafen Almaviva. Rafael Schächter, geboren 1905, hatte in Prag eine Kammeroper geleitet. In Theresienstadt gehörte er zu den wichtigsten Organisatoren der 'Freizeitgestaltung'. Er wurde am 16.10.1944 nach Auschwitz deportiert. Bedřich Borges, geb. 1909, war ein Baß-Bariton aus Prag. Er wurde nach Auschwitz deportiert, überlebte und starb 1992. Über Walter Windholz, Bariton, ehemals Solist an der Oper von Brünn, sind keine weiteren Daten bekannt. Vgl. Viktor Ullmann. 26 Kritiken über musikalische Veranstaltungen in Theresienstadt. Mit einem Geleitwort von Thomas Mandl. Herausgegeben und kommentiert von Ingo Schultz. Hamburg 1993.

27 Martha Glass war am 31. Januar 1943 65 Jahre alt geworden.

Ankündigung eines Konzerts des Ledeč-Quartetts.
Gedenkstätte Terezín: PT 4208.

gespielt wurden. Es heißt Ledeč-Quartett nach dem ersten Geiger Prof. Ledeč aus Prag. Das Konzert war in einem sehr schönen Festsaal, schwarz getäfelt mit rotgoldener Tapete mit bourbonischen Lilien. Anständige bequeme Lehnstühle.[28]

Auf Holz kann ich kaum noch ohne Schmerzen sitzen. Infolge der großen Abmagerung tut mir Sitzen und Liegen weh und Stehen vertragen meine Venen nicht.

28. JUNI:

Heute kam der letzte Hamburger Transport mit 1000 Juden. Hamburg ist nun judenfrei bis auf Dr. Plaut mit Mutter, denen man freies Geleit nach Palästina zugesichert hat.[29]

Von den Kindern aus Berlin kein Lebenszeichen, was mich unendlich beunruhigt.

6. JULI:

Kopfwäsche. Von den ersten Ghettokronen kaufte ich mir ein Paar Filzhausschuhe, zerrissen, verschlissen, für 40 Punkte, 10 Kronen.

7. JULI:

Seit heute gehe ich in die Arbeit, 4 Std. täglich, 1 Woche vormittags, 1 Woche nachmittags. Es ist mir gelungen, nach unendlichen Laufereien in der Baracke 3[30] unterzukommen. Am ersten Tag gab's nur derbe Strümpfe zu stopfen.

16. JULI:

Nun bin ich schon 1 Woche in der Strumpfreparaturstelle, muß an-

---

28 Das Konzert fand vermutlich im Sitzungssaal des Rathauses statt. Egon Ledeč (geb. 1889 in Kostelec), Komponist, Geiger, war vor seiner Deportation Konzertmeister der Tschechischen Philharmonie in Prag. Am 16.10.1944 wurde er nach Auschwitz weiterdeportiert.

29 Max Plaut, Rechtsanwalt, ehemaliger Syndikus der Jüdischen Gemeinde in Hamburg. Ab 1939 war er Leiter der Geschäftsstelle Nordwestdeutschland der 'Reichsvereinigung der Juden in Deutschland', des einzigen noch existierenden Zwangsverbandes der deutschen Juden. Auch die Hamburger Jüdische Gemeinde war hier eingegliedert worden. Im Juni 1943 wurde die »Reichsvereinigung« aufgelöst; alle Mitarbeiter wurden nach Theresienstadt deportiert. Max Plaut und seine Mutter konnten im Zuge eines offiziellen Austausches gegen die Freilassung deutscher Kriegsgefangener nach Palästina emigrieren.
Es folgten im Januar 1944 und im Januar und Februar 1945 noch drei Transporte aus Hamburg mit insgesamt 274 Menschen.

30 Die verschiedenen Reparaturwerkstätten waren in Baracken untergebracht.

gestrengt 4 Stunden stopfen, was, wie ich fürchte, meine Augen auf die Dauer nicht aushalten, die mich sehr schmerzen. Es gab heute schon die erste N. Ration, bestehend aus 20 Gramm Margarine und einem Eßlöffel Zucker.[31]

26. Juli:
Mussolini von seinem Posten als oberster Kriegsherr zurückgetreten. Italien soll Republik geworden sein.[32]

3. August:
Seit 20. Juli haben wir hier tropische Hitze ohne je einen Tropfen Regen. Der Staub ist unerträglich und Augenentzündungen sind an der Tagesordnung. Die Sudetenkaserne mußte plötzlich geräumt werden und wahrscheinlich noch mehrere Straßenzüge. Durch Bretterzäune werden ganze Stadtteile abgegrenzt, in welche Arier, wohl hauptsächlich Militär, hineinziehen.[33] Was mag die nächste Zukunft für uns bringen!!!
Gestern hatte ich ein Bad, das erste während eines Jahres. Die kalten und warmen Duschen abwechselnd sind unbeschreiblich wohltuend.

4. August:
Man kauft wieder auf Punkte und bezahlt mit Ghettogeld. So bekam ich im Kleiderladen eine kunstseidene Bluse und eine Trägerschürze für zusammen 27 Kronen. Heute im Kofferladen kaufte ich einen sehr hübschen Perlbeutel für 100 Kronen.

11. August:
Seit heute mache ich Heimarbeit im Strümpfestopfen, da in der Baracke zu wenig Platz ist. 4 Std. täglich und die gleiche Ration. Bei unserer Engigkeit und der schlechten Beleuchtung eine schwierige Aufgabe.

---

31 Zusatzration für Arbeitende.
32 Politische Nachrichten konnten sich trotz der Isolierung verbreiten, da immer ein Verkehr mit der Außenwelt stattfand. Fast täglich wurden daher Zeitungen ins Lager geschmuggelt; vermutlich hat sich auch zeitweise ein Rundfunkempfänger illegal im Lager befunden. (s. H.G. Adler, Theresienstadt, S. 581)
33 Die Sudetenkaserne, in der zeitweise 5400 männliche Gefangene gelebt hatten, wurde auf Anordnung des RSHA zu einer »Berliner Dienststelle« umfunktioniert. Hier wurden nun Archive des RSHA (Konzentrationslagerpapiere) unter dem Decknamen »Iltis« gelagert. Auch die umliegenden Gebäude wurden geräumt, um den beteiligten Beamten Platz zu machen. (s. H.G. Adler, Theresienstadt, S. 135 ff.)

13. AUGUST:

Heute durfte ich wieder nach Berlin schreiben.

17. AUGUST:

Läuseuntersuchung. G.s.D. negativ. Der August ist bis jetzt der magerste Monat im Jahr und man muß den Magen enorm trainieren. Die neuen Kartoffeln sind noch sehr spärlich und neues Korn für Brot gibt's noch nicht.

20. AUGUST:

Es herrscht Tropenglut. Die Grade sind mangels Thermometer nicht festzustellen. Ich war zu einem sehr interessanten Vortrag von Kurt Singer[34], früher Kulturbund Berlin, über Musik: »Die Komponisten als Schöpfer und Menschen«, mit Erläuterungen am Flügel, Bach, Händel, Mendelssohn, Beethoven, Mozart, last not least Bruckner, den er für den Bedeutendsten von allen hält, und den die Menschen in 50 Jahren erst ganz verstehen werden.

25. AUGUST:

Eben komme ich von der herrlichen Douche incl. Kopfwäsche und Läuseuntersuchung. Rücken und Kopf wird mit scharfen Desinfektionsmitteln abgebürstet.

26. AUGUST:

Eben habe ich nach 3 1/2 Monaten ein Päckchen (Nr. 4) geholt, ich war schon in Verzweiflung, daß ich gar kein Lebenszeichen hatte. Mit Ediths[35] Handschrift stand die alte Adresse , ich hatte die schlimmsten Befürchtungen und bin nun überglücklich. Inhalt: selbstgebackene Butterplätzchen, 1/2 Carton Pralinen und 2 hartgekochte, leider stinkende Eier.

27. AUGUST:

Ich wollte mit Frau Markus und Frau Matthias ins Caffeehaus zum Concert. Mir war den ganzen Vormittag schon schlecht. In letzter

---

34 Neurologe und Musikwissenschaftler, Gründer und Leiter des Berliner Ärztechors, vor 1933 stellvertretender Intendant der Städtischen Oper Charlottenburg, 1933 Gründer des Jüdischen Kulturbundes in Berlin. Kurt Singer wurde aus dem Exil in Amsterdam nach Theresienstadt deportiert. Er starb dort 1944.

35 Marthas Tochter in Berlin.

Minute entschloß ich mich, nicht mehr mit hineinzugehen und setzte mich im Hausflur auf eine Treppenstufe. Plötzlich wußte ich nichts mehr und lag in einer tiefen Ohnmacht. Als ich aufwachte, hatte ich einen nassen Umschlag um den Kopf. Dann ging ich in den benachbarten Frisierladen, da die Straßen gesperrt waren, wegen der Kindertransporte, die aus Polen eingetroffen sind.[36] Dann schwankte ich nach Hause und nun liege ich im Bett.

3. SEPTEMBER:
Seit heute stehe ich stundenweise ein wenig auf, fühle mich aber innerlich schwach. Die Ärztin und auch der Arzt in der Ambulanz haben absolute Unterernährung festgestellt, können mir aber kein Stärkungsmittel geben. Wenn man nur bessere Ernährung bekäme! Bis 10. bin ich vorläufig krank geschrieben, bin auch außerstande, irgend etwas zu tun.

4. SEPTEMBER:
Ottos 67. Geburtstag[37]! Otto ist seit 1 1/2 Jahren in Polen; ob er wohl noch lebt? Eben war der Läusearzt hier. G.s.D. negativ.

5. SEPTEMBER:
Heute geht ein Transport von 5000 Juden fort von hier.[38] Wohin?

10. SEPTEMBER:
Weitere 10 Tage hat mich die Ärztin krank geschrieben, da ich noch immer sehr schwach bin und garnichts leisten kann. Mir fehlt ausreichende Ernährung und da mir die kein Arzt verschreiben kann, ist es Gottes Wille, ob ich durchhalte oder nicht. Abends hörte ich wieder einen Vortrag von Kurt Singer, »Musik als Erlebnis«, sehr anregend und geistreich.

---

36 Es handelte sich um eine Gruppe von 1260 Kindern aus Bialystock (damals Rußland, heute Polen). Niemand durfte mit ihnen sprechen, da sie die Vergasung ihrer Familien miterlebt hatten. Sie wurden am 5. Oktober nach Auschwitz weiterdeportiert.

37 Otto Stern war Marthas Bruder. Vor seiner Deportation in ein polnisches Vernichtungslager hatte er in Breslau gelebt.

38 »Transport« war ein Schreckenswort für die Gefangenen, da damit alle Deportationen nach Theresienstadt und von dort aus in den Osten gemeint waren. Am 6.9.1943 wurden 5000 Häftlinge nach Auschwitz deportiert. Unter den Gefangenen wurden solche Zahlen offenbar immer bekannt.

11. September:

E' leins[39] 39. Geburtstag, der zweite, den ich im Exil verbringe. Wie hing man sonst am Telefon und gratulierte, und welche Pakete packte der gute Vater für seine Älteste. Ob ich die Lieben je wiedersehe und wann?

15. September:

Eben komme ich aus dem Kaffeehaus, von 10-11 1/2 Uhr vormittags, wo das Ledeč-Quartett wundervoll musizierte, Beethoven und Haydn.

16. September:

Brausebad im Centralbad, das Schönste vom Schönen. Nachmittags um 3 Uhr Bridge im Hof. Auch in Theresienstadt fehlt es nicht an Abwechslung.

19. September:

Am Abend war im Hof der Magdeburg Kaserne eine Aufführung von 'Cavalleria Rusticana' und ein Akt aus 'Aida', Chor und Solisten begleitet nur von einem Bandoneon. Ich kam ganz zufällig hin, in eine ungeheure, andächtige Menschenmenge und blieb gebannt 1 1/2 Std. stehen. Solch ein Erlebnis hatte ich noch nicht in Theresienstadt. Die Solisten erste Künstler von der Wiener Oper, die Chöre vollendet und ein hervorragender Dirigent.[40]

29. September:

Heute ist Rosch Haschanah.[41] Zum Gottesdienst zu gehen ist zwecklos, man müßte stundenlang warten, um im Gedränge überhaupt ein Wort von der Predigt zu verstehen. So werde ich leider am 9. Oktober (Jom Kippur)[42] nicht zur Totenfeier für den teuren Hermann gehen können, was mir unendlich schmerzlich ist.

2. Oktober:

Zum ersten Mal habe ich mir wieder Arbeit geholt, obgleich ich nicht

---

39 Kosename für Marthas Tochter Edith.
40 Die Einstudierung hatte der Dirigent und Chorleiter Karl Fischer.
41 Rosch Haschanah – Jüdisches Neujahrsfest, an dem jeder Gläubige zur Buße aufgerufen wird.
42 Versöhnungsfest, höchster jüdischer Feiertag, strenger Fastentag, der der Erneuerung des religiös-sittlichen Lebens dient; Abschluß der 10 Bußtage, mit denen das jüdische Jahr beginnt.

weiß, wo ich bei der schlechten Beleuchtung Strümpfe stopfen kann. Ich will mir nur die N. Ration wöchentlich nicht entgehen lassen, bestehend aus 20 Gr. Margarine und 30 Gr. Zucker.

3. OKTOBER:

Nun hat auch Leon Ekert[43] das Zeitliche gesegnet, wie alle alten Männer an geschwollenen Füßen und Herzschwäche und letzten Endes verhungert.

5. OKTOBER:

Nun ist wieder Normalzeit; man hat die Uhr nachts um 12 eine Stunde zurückgestellt.

6. OKTOBER:

Eben habe ich eine Karte an die Kinder geschrieben, immer der gleiche inhaltslose Text, und hören tue ich nichts aus Berlin.

9. OKTOBER:

Das herrlichste typische jüdische Feiertagswetter, strahlend blauer Himmel und Sonnenschein. Am Morgen wurde der gute Hermann bei der Totenfeier genannt. Ich war 2 Stunden beim Gottesdienst auf einem Dachboden in fürchterlichster Enge. Rabbiner Salomonski aus Berlin hielt eine sehr gute Predigt.

10. OKTOBER:

Unsere Wäsche konnten wir heute abgeben, aber nicht mehr als 2 Kilo, ganz streng gewogen.

15. OKTOBER:

Bad und Kopfwäsche. Es ist eisig kalt, ohne jeden Übergang Winter geworden.

19. OKTOBER:

Läuseuntersuchung; G.s.D. negativ. Nachmittags im Kaffeehaus, Maier-Sattler und Annie Frey, eine bezaubernde Soubrette.[44]

---

43   Bekannter aus Hamburg, hatte dort ein Importgeschäft für Sportgeräte.
44   Siehe nächste Seite.

20. Oktober:

Eben kam das 5. Päckchen; ich bin überglücklich, insbesondere, da Edith eigenhändig die alte Adresse geschrieben. Inhalt: Eine Cervelatwurst von mindestens 3/4 Pfund, 1/4 Pfund fabelhaftes Schweineschmalz, 1 Tütchen Malzbonbons.

22. Oktober:

Auf Punkte kaufte ich heute einen Wintermantel für 200 Ghettokronen. Grauer anständiger Marengo-Wollstoff mit einem Persianerklauenkragen. Viel zu lang und weit. Frau Müller macht mir die große Änderung, die ich mit Zucker, Kartoffeln usw. bezahlen muß.

23. Oktober:

Heute hatte ich wieder ein Bad, das Schönste in Theresienstadt.

24. Oktober:

In der Marodenstube[45] gewogen worden. Gewicht 45 Kilo, was ich seit meiner Kinderzeit nicht gewogen habe.

3. November:

Dr. Hannes.[46]

7. November:

Bad und Kopfwäsche.

8. November:

Heute wäre Hermanns 80. Geburtstag, der mich sehr wehmütig stimmt. Ich gönne ihm die ewige Ruhe, denn die Leiden und

---

44 Kurt Maier, Pianist, spielte zusammen mit dem Geiger Otto Sattler fast jeden Tag ab 16 Uhr im Kaffeehaus. Noten gab es nicht; sie beherrschten dennoch ein großes Repertoire an Unterhaltungsmusik, Potpourris aus Opern und Operetten. Maier und Sattler waren bereits in Prag in Hotelbars gemeinsam aufgetreten. Anni Frey, geb. 1906 in Wien, wirkte auch in den Kabaretts von Kurt Gerron und Leo Strauss mit. Sie überlebte Theresienstadt.
45 Krankenzimmer, hier vermutlich auch Untersuchungszimmer.
46 Vermutlich Hinweis auf eine Nachricht des ehemaligen Hausarztes der Familie, Dr. Berthold Hannes, aus Hamburg. Dr. Hannes, selbst Jude, war mit einer nichtjüdischen Frau verheiratet und hatte einen Sohn, lebte also in einer »privilegierten Mischehe« und wurde daher nicht deportiert. Während des Krieges war er im Israelitischen Krankenhaus an der Schäferkampsallee tätig und wohnte mit seiner Frau und seinem Sohn bei einer nichtjüdischen Familie in der Erikastraße. Nach dem Krieg übernahm er die Leitung des Israelitischen Krankenhauses.

Entbehrungen hier jetzt im Winter, der sehr früh und streng eingesetzt hat, nehmen kein Ende und ich hätte ihm das Leben nicht erleichtern können. So gedenke ich in Liebe und Dankbarkeit seiner, der mich in den 40 Ehejahren unendlich verwöhnt und mit Liebe überschüttet hat.

10. NOVEMBER:

Heute wurde uns gesagt, daß morgen eine Volkszählung sein wird.

11. NOVEMBER:

Um 4 Uhr früh kam der Hausälteste und verkündete uns, daß wir ab 7 Uhr bereit sein müßten, das Ghetto zu verlassen nach Bauschowitz zur Volkszählung. Etwa 30.000 Juden (die Kranken kamen in die Kasernen) gingen als Prozession gen Bauschowitz. Dort stand man in 5er Reihen und Gruppen von 100 Personen 13 Stunden. Dreimal je eine Viertelstunde setzte ich mich auf mein Plaid auf die Erde. Als Tagesration gab es 1/8 Brot, 100 Gr. Zucker, 40 Gramm Butter. Um 10 Uhr kamen wir vollkommen erschöpft nach Hause.[47]
Was der Mensch aushalten kann, wird man hier gewahr! Wie würden sich die Kinder über ihr früher so oft leidendes Omchen wundern. Keine Galle, keine Wirbelsäule, nichts darf mir hier fehlen. Ich habe mich von Grund auf verändert. Nur so kann ich durchhalten!

15. NOVEMBER:

Heute Läuseuntersuchung, G.s.D. negativ.

19. NOVEMBER:

Ein qualvoller Tag. Es sollte wieder Volkszählung sein nach alphabetischer Ordnung. Ich mußte um 12 1/2 Uhr auf dem Kasernenhof der

---

47 Am 11. November 1943 wurde im Lager eine »Volkszählung« durchgeführt. Anlaß waren Fehler bei der Aufstellung der Bewohnerzahlen. Der Lagerkommandant beschuldigte Jakob Edelstein, die Listen für die Weitertransporte in den Osten gefälscht zu haben, so daß weniger Menschen deportiert worden seien als auf der Liste angegeben. Edelstein wurde daher im November 1943 nach Auschwitz deportiert.
Über 30.000 Menschen wurden am frühen Morgen des 11. November aus dem Lager geführt und im sogenannten Bauschowitzer Kessel im Freien gezählt. Nach 15 Stunden konnten sie in ihre Behausungen zurückkehren. In der vorangegangenen Nacht hatte man in den Quartieren die Menschen gezählt, die nicht gehfähig waren. Die Zählung mißlang; deshalb gab es vom 19. bis 24. November noch eine zweite, dieses Mal alphabetische, Zählung.

Dresdener Kaserne sein. Dort standen wir 2 Std. in eisiger Kälte. Dann gings auf die Straße beim Park, wo man weiter 3 1/2 Std. stehen mußte. Um 6 Uhr bei vollkommener Dunkelheit wurde ich in die Bank hereingelassen, wo mir die Kennkarte[48] abgenommen wurde. Vollkommen erschöpft kam ich nach Hause in die mollig durchwärmte Küche, wo man mit heißem Kaffee und meiner ganzen Zuckerration meine Lebensgeister neu belebte. In all diesen Fällen ist die Gemeinschaft eine großartige Sache und einer sorgt in rührendster Weise für den andern, bringt das Essen mit usw.

Morgen kommen 4 andere Leidensgefährtinnen aus der Küche dran, und ich sorge für sie. Der l. Gott möge uns nur einigermaßen gesund all dieses überstehen lassen.

24. November:
Zweijähriger Gedenktag des Bestehens von Theresienstadt als Ghetto. Der Ältestenrat dankt den Juden für alles, was sie beim Aufbau geleistet haben und ermahnt alle, weiter in der Schicksalsgemeinschaft zusammenzuhalten wie bisher.[49] Wie lange noch?!!!

26. November:
Heute um 11 1/2 Uhr wieder ein Bad, wie immer ein Hochgenuß, wenn auch mit hungerndem Magen, wie immer hier! Ich hungere unsagbar.

1. Dezember:
Das 6. Päckchen von den Kindern kam an, G.s.D. mit Ediths Handschrift, die alte Adresse. Inhalt: Speck, Wurst, Schmalz, 2 Eier, Malzbonbons und 1/4 Pfund Pralinen. Jubel im ganzen Zimmer ob der einen Scheibe Wurst und je ein Bonbon.

3. Dezember:
Eben habe ich Rega Block[50] das letzte Geleit gegeben. Sie hat einen

---

48   Ausweis, den jeder Gefangene bei sich tragen mußte. Darauf war neben Namen, Adresse und Geburtsdaten auch der Transport, mit dem der Betreffende nach Theresienstadt gekommen war, verzeichnet.

49   Die Bilanz der zwei Jahre, die den Gefangenen verschwiegen wurde: Der erste Judenälteste, Jakob Edelstein, war in Haft; fast 56.000 Menschen waren weiterdeportiert worden. Vgl. H.G. Adler, Theresienstadt, ebd., S. 157.

50   Vermutlich handelt es sich hier um Rebecca Blogg, geb. am 1.7.1871 in Brody. Sie wurde am 19.7.1942 nach Theresienstadt deportiert.

sehr leichten Tod gehabt, nachdem sie vor 3 Jahren eine Brustoperation durchgemacht. Nun ist Else Goerke ganz alleine hier, ein reizender Mensch, die ihren Mann schon auf dem Hertransport verloren. Rabbiner Dr. Schulfinger aus Mähren hielt eine wundervolle Trauerrede. Er sprach von der großen Vergangenheit und der vielleicht glücklichen Zukunft der Juden. Eine Gegenwart außer Trauer, Kummer und Verzweiflung haben wir nicht.

Vor mir ein 16jähriges Mädel, hat vor 4 Wochen ihren Vater und heute ihre Mutter zu Grabe getragen und ist nun ganz allein auf der Welt. Solche Dramen sind hier was Alltägliches.

6. Dezember:

Endlich kann ich den Kindern wieder eine Karte schicken, immer des gleichen Inhalts. Die Versicherung der gegenseitigen Gesundheit. Momentan herrscht hier eine enorme Kälte, mindestens [minus] 12-13 Grad.

10. Dezember:

Theresienstadt im Schnee. Um 8 Uhr früh hatte ich ein Bad; dorthin ging ich durch eine zauberhafte Landschaft. Die bildhübsche Kirche, die Parks, alles tief verschneit. Dabei taucht das Gespenst von neuen Polentransporten auf.[51]

Der 5. Kriegsweihnachten steht vor der Tür und das Elend nimmt kein Ende.

14. Dezember:

Heute geht ein Transport von nur Tschechen und Sudetendeutschen nach Polen, heute und Sonnabend insgesamt 5 Tausend Menschen.[52] Uralte und Arbeitende. Es ist ein furchtbarer Jammer und deprimiert mich unsagbar. Wie wird's nur weitergehen?

---

51 Die Vorbereitung von Deportationen in die Vernichtungslager begann Tage vor dem Abtransport. Vermutlich sorgten die Mitarbeiter der Verwaltung, die mit dem Schreiben der Transportlisten etc. beauftragt waren, für das Bekanntwerden der Transporte unter den Gefangenen.

52 Wie im September 1943 wurden wieder 5000 Menschen in 2 Transporten weiterdeportiert.

17. DEZEMBER:

Linas 71. Geburtstag[53]. Wir sind nur noch wir beide und verbrachten auch diesen Tag ganz allein bei russischem Tee und einer mit Margarine bestrichenen Schnitte Brot. Als Geschenk brachte ich 2 Riesenkartoffeln im selbstgenähten Säckchen. Solche Freude wie mit den Kartoffeln habe ich noch selten bei einem Menschen erlebt.

24. DEZEMBER:

Heiligabend in sehr trauriger Stimmung in Rückerinnerung an all die schönen Weihnachten mit dem geliebten Hermann und den Kindern. Und nun so ganz allein und verlassen den 2. Weihnachten in dem unseligen Theresienstadt.

26. DEZEMBER:

Ein Bad mit Kopfwäsche. Heute war die Läuseärztin hier. G.s.D. negativ. Es fiel der erste Schnee, echt weihnachtlich. Eine bezaubernde Landschaft.

29. DEZEMBER:

Heute hat Frl. Wolfram[54] Schreiberlaubnis und ich habe für sie an Dr. Oppens geschrieben.

31. DEZEMBER:

Heute haben wir den Sylvester im engsten Kreise, so gut es eben ging, gefeiert. 9 Damen sind wir in der engen Küche und 2 Damen kamen zu Besuch. Jeder hatte etwas Besonderes gekocht, Kartoffelbällchen ohne Fett auf der Herdplatte gebacken, Kartoffeltorte, Lockchen[55]. Alles mit den primitivsten Zutaten, die Küche im Zillestil[56], Wäsche zum Trocknen auf der Leine, unangelehnt auf Holzhockern wie seit 17 Monaten. Daß Kulturmenschen ein solches Leben aushalten müssen. Und doch war der Abend stimmungsvoll. Frau Aren hatte ein fabelhaftes Gedicht gemacht, bezüglich auf eine jede von uns.

---

53   Lina Kummermann, Marthas Schwägerin.
54   Mitbewohnerin aus Würzburg.
55   Schlesisch: Lockschen (Nudeln), in Thüringen als Gebäck aus Roggenmehl und Wasser bekannt.
56   Anspielung auf den Zeichner Heinrich Zille (1858-1929), der besonders durch seine Zeichnungnen aus den verelendeten Berliner Arbeitervierteln in Erinnerung geblieben ist.

Martha Du der Schlachtenlenker
Bist der größte aller Denker!
Machst Dich rasch an Deine Socken,
Willst nicht in der Küche hocken.
Mies ist Dir oft vor uns allen
Keine will Dir mehr gefallen.
In wenigen Stunden kehrst Du dann wieder
Riechst nach Frühlingssturm und Flieder
Zwei Seelenfreunde wohnen, ach in Deinem Busen
Der Pfarrer ... ist zum Schmusen.
Der andere, ach, wie soll ich's sagen
Der Hungerpastor liegt im Magen.
Du schreist so oft Du willst nach Brot auch ohne Rinde.
O Gott, o Gott, wie sag ich's meinem Kinde.
Der Menschheit ganzer Jammer packt mich an
Was hat man Dir, Du armes Kind, getan?
Du läßt die Menschen rechts und links mal liegen
Doch Deine Klugheit, die wird immer siegen.
Macht nichts, Du bleibst die Beste, Gute, Treue
Wir lieben Dich wie stets auf's Neue.

[MARTHA GLASS ZU FRAU COHENS GEB.]:

Wir Ghettoschwestern sind so arm
Daß es den lieben Gott erbarm
Sonst kämen wir mit guten Gaben
Am heutgen Tage Dich zu laben.
So blieb es bei der alten Sorte
Der stets bewährten Schwarzbrottorte
Viel Liebe buken wir hinein
Der letzte Geburtstag im Ghetto soll's sein
Daß bald Du ziehst gen Holland hin
Gesund an Körper mit fröhlichem Sinn
Noch viele Jahre dort bei den Kindern
Die die Not der trüben Zeit Dir werden lindern.

In diesem Sinn gratulieren herzlich
Wilhelmine Friedheim, Steffie Lazansky, Martha Glass, Bertha
Haas, Trude Orgler, Rebecca Weiß, Herta Friedheim.

1944

1. Januar:

Das Wetter ist wieder umgeschlagen. Es hat die Nacht durchgeschneit und nun ist strenger Frost. In der Heimat wäre ich begeistert und würde große Spaziergänge machen. Aber hier ist man so schwach, daß man zu nichts Lust hat. Und wie mir der gute Hermann fehlt, niemand mehr auf der Welt, mit dem man sich aussprechen kann. Und doch ist ihm so wohl, denn das Leben ist fast unerträglich.
Die alten Menschen sterben wie die Fliegen. Sie haben alle einen leichten Tod. Pietät und Trauer sind unbekannte Begriffe. Jeder hat mit sich zu tun und so viel Arbeit, daß man gar nicht zur Besinnung kommt.

3. Januar:

Ingeleins[57] Geburtstag, sie wird 32 Jahre alt. Wie mag es den Kindern drüben gehen? Ob sie wohl selber ein Kind haben? Und was haben sie für einen Beruf, und wie leben sie? Ich war zur Feier des Tages von 2–4 im Kaffeehaus, aber in Gedanken nur bei den Kindern sowohl in New York als auch in Berlin, von denen ich seit 5 Wochen nichts gehört und um die ich mir große Sorgen mache.

4. Januar:

Heute liege ich zu Bett. Ich bin mal wieder völlig erschöpft und nicht imstande herumzugehen. Die Ärztin konstatierte ein organisch gesundes Herz, aber infolge Unterernährung und Abmagerung vollkommen auf dem Hund. Und es gibt hier keine Mittel, keinerlei Medikamente. 1 1/2 Jahre sind wir in diesem Exil. Lange kann man es auch mit eiserner Energie nicht mehr aushalten.

8. Januar:

Gestern war goldene Hochzeit von Levisons aus Bünde. Ich gratulierte und brachte ihnen 4 kleine, auf der trockenen Herdplatte gebackene, Kartoffelplätzchen, womit sie sich riesig gefreut. Heute nun

---

57 Marthas Tochter Inge war mit Edgar Tuteur verheiratet und über Italien und Portugal 1941 in die USA (New York) emigriert.

war in der Evidenz des Siechenhauses[58], wo sie wohnen, eine sehr
würdige Feier, mit ca. 100 Teilnehmenden. Zuerst sang Frau Schaul-
Lachmann »Ich liebe Dich so wie Du mich«[59]. Danach sang ein älte-
rer Kantor sehr schön. Oberrabbiner Neuhaus aus Frankfurt a/M.
segnete das Paar ein. Der Chefarzt und viele Schwestern waren
anwesend. Nach der Feier nahmen nur die Nächstbeteiligten an
einem Imbiß teil, bestehend aus Milchkaffee mit Zucker und einigen
Scheiben Weißbrot. Das Wasser lief mir Armen, die so etwas seit 1
1/2 Jahren nicht mehr kennt, im Munde zusammen, leide ich doch
dauernd den entsetzlichsten Hunger und liege vor Schwäche stundenlang am Tage.

14. Januar:

Das 7. Päckchen von den Kindern, aufgegeben am 14. Dezember.
G.s.D. die alte Adresse mit Ediths Handschrift. Inhalt: 1 Stück Sala-
mi, 1/4 Schmalz, 1 Tütchen mit gemahlenem Bohnenkaffee, 1 Dös-
chen Milch, 1/2 Pfund Speisesyrup, 1 paar Pralinen. Alles hoch willkommene Dinge, die mir bei der momentanen Entkräftung hochnötig
sind.

15. Januar:

Ich hörte einen hervorragenden Pianisten, Bernard Kaff[60]. Er spielte
eine H-Moll-Sonate von Chopin und eine von Liszt. Man vergaß
ganz, daß man in Theresienstadt ist, das Publikum, der Festsaal, der
Künstler, ein noch junger Mensch.

19. Januar:

Nun ist es bereits ein Jahr, daß der gute Hermann die Augen geschlossen hat. Die Zeit ist trotz Kummer, Leid und Entbehrungen
unglaublich schnell vergangen. Ihm ist wohl, denn das Leben ist
inzwischen unerträglich, besonders was den Hunger anbetrifft, geworden. Gestern abend wurde im Zimmer, wo er gewohnt hat, Kad-

---

58 Gemeint sind die Verwaltungsräume im Altenheim, die vermutlich größer waren
    als die Räume, in denen die alten Menschen lebten.
59 Ein bei Hochzeiten besonders gern vorgetragenes Lied von Ludwig van Beetho-
    ven.
60 Professor Bernhard Kaff, geb. 1905 in Brünn, Musikpädagoge, wohl der bedeu-
    tendste Pianist in Theresienstadt. Er wurde am 16. 10. 1944 nach Auschwitz
    weiterdeportiert.

disch[61] für ihn gesagt. Nur noch 3 Herren, die ihn kannten, leben: Herr Seligmann, Herr Pollack, Herr Hoch.

Heute war ich mit Lina im Columbarium[62], dem Ort, wo die Urnen untergebracht sind. Der Raum ist abgeschlossen und nicht zu betreten. Es ist nur eine kleine Grünfläche mit einem Sandsteinsockel, auf dem eine Gipsurne steht. Versteckt in den Kasematten und doch tröstend und erhebend.

Seit 2 Tagen habe ich entsetzliche Gallenschmerzen, die ich seit 1 1/2 Jahren nicht mehr kannte. Ich glaube, es ist von dem Schmalz, das die Kinder mir geschickt haben und das der Magen nicht mehr aufnimmt.

22. JANUAR:

Frau Friedheims 72. Geburtstag. Die Frau ist von fabelhafter körperlicher und geistiger Frische. Seit 1 1/2 Jahren halten wir Hamburger durch dick und dünn zusammen, holen die Mahlzeiten 3 x am Tage aus der Kaserne. So arm wie ich bin, war ich nicht in der Lage, Frau F.[63] die kleinste persönliche Freude zu machen. So taten wir uns zu 5 Damen zusammen und backten eine Brottorte, hübsch verziert mit Buttercreme. Nachmittags von 2-4 waren wir im Kaffee.

23. JANUAR:

Endlich kann ich wieder Wäsche zur Wäscherei geben, leider nur alle 3-4 Monate 3 Kilo.

31. JANUAR:

Der zweite Geburtstag ohne den geliebten Hermann. Man hat ihn mir hier so schön gestaltet, wie es in Theresienstadt nur möglich. Am Vorabend bekam ich, von sämtlichen Mitbewohnerinnen gestiftet, einen dicken Kartoffelpuffer mit Zucker bestreut, der gemeinsam vertilgt wurde. Heute kamen zum Kaffee die paar alten Hamburger Freundinnen, die noch leben und deren Männer hier starben, Frau Martienssen, Frau Leers, Lina und Netty Körbchen[64]. In der engen

---

61 Gebet zur Erinnerung an einen Verstorbenen; darf nur von Männern gesprochen werden.

62 Dort wurde die Asche der Verstorbenen aufbewahrt; s.a. Eintragung vom 4.11.1944.

63 Frau Friedheim

64 Antoinette (Netty) Koerbchen, geboren am 30.5.1884, kam aus Frankfurt/Main. Sie wurde nach Auschwitz deportiert.

Küche hatte man in einem Eckchen die Kohlentonne mit einem Brett drauf als Tisch hergerichtet, mit einer Decke darüber. Jeder saß wie stets unangelehnt auf einem Bänkchen. Auch brachte jeder seinen Becher mit. Ich hatte aus Kaffeemischung und einem Teelöffel Bohnenkaffee aus Berlin einen wirklich guten Kaffee gekocht und für jeden 2 Kartoffelplätzchen aus geriebenen Kartoffeln auf der Herdplatte gebacken. Wir lebten in der Erinnerung an frühere Geburtstage. Frau Lazansky beschenkte mich fürstlich: 1 blaues Battistnachthemd, 2 Handtücher, 1 Waschlappen. Frau Haas 2 bunte Taschentücher, 1 kleines Perlportemonnaie, Seifenpulver. Frau M. und Frau L. brachten Nähseide, alles Kostbarkeiten, unerhältliche Dinge hier. Lina brachte eine Hemdhose, die sie mir aber, da ich davon genügend habe, gegen ein Bettlaken umtauscht.

Eine große Geburtstagsfreude hatte ich durch Dr. Leo Strauss aus Wien, Neffe vom Komponisten Oskar Straus[65]. Ich bewunderte am Tag vorher ein Lied, das in seinem Cabaret gesungen, von ihm gedichtet. Heute brachte er mir den Text, fein säuberlich mit der Maschine geschrieben, mit eigenhändiger Widmung.

Geistige Anregung auf höchstem Niveau hat man hier wie kaum in der Welt, da auf engstem Raum große Künstler, Wissenschaftler beisammen leben. Nur ist man bei dem Hunger und der Depression selten in der Stimmung, zu Veranstaltungen zu gehen. Ob die Kinder in Berlin und in New York wohl an mich gedacht haben?? Hier kamen in den letzten Tagen Tausende von Rote Kreuzbriefen an, aus England, Südfrankreich, Jerusalem[66]. Warum von Inge nicht?

4. FEBRUAR:

Das 8. Päckchen nach nur drei Wochen, wohl zum Geburtstag gedacht, folgenden Inhalts: 1 Stückchen Wurst. 1/4 Pfund gute Butter, 1 Dose Milch, 1 Paket Syrup, 1 Tüte Malzbonbons, alles unbeschreibliche Dinge für einen ausgehungerten Magen.

---

65   Leo Strauss, geboren 1897, war der Sohn des österreichischen Komponisten Oscar Straus(s). Seit Oktober 1942 lebte er in Theresienstadt; er war ein bekannter Kabarettist und leitete das 'Literarische Strauss-Brettl'. Auch für Kurt Gerrons 'Karussell' schrieb er Texte; am 12. 10.1944 wurde er nach Auschwitz weiterdeportiert.

66   Im Krieg gab es keinen normalen Postverkehr mit feindlichen Ländern. Die hier erwähnten Briefe an die Gefangenen gelangten nach Theresienstadt durch die Vermittlung des Internationalen Roten Kreuzes.

Komm heute abend mit mir auf die Bastei -

Theresienstädter Tango.

Worte von Leo Strauss   Musik von Adolf Glasspiegel

Fau Glas
eigehd.
gez.?geh
Theresienstadt
Januar 1944
J. Leo/50?

1.

Stets umdraengen uns die Menschenmassen
in uebervollen Gassen,
die kaum die Menge fassen.

Einmal moecht ich dies Gewuehl verlassen,
nur einen Urlaub von der Stadt,
die soviel Kummer hat,
nur fort,
fort -

Komm heute abend mit mir auf die Bastei -
Dort scheint die Welt
noch unverstellt
und frei -

Komm heute abend mit mir auf die Bastei -
Dort traegt die Luft
Bergwaldesduft
herbei.

Dort kann man ungestoert
und ungehoert
noch sprechen,

dort kann man unbelauscht
und windumrauscht
noch schweigen -

Komm heute abend mit mir auf die Bastei -
Weit in das Land
sehn Hand in Hand
wir zwei.

II.

Heimatlose sind wir und vertrieben,
so fern von unsern Lieben,
die lange schon nicht schrieben -

Nichts auf dieser Welt ist uns geblieben -
Zuweilen schlaegt das Herz so schwer
und traegt es nimmermehr,
nur fort,
fort -

Komm heute abend mit mir auf die Bastei
usw. usw.

XXXXXXXXXXXXXXXXXXXXXXXXX

—— **Chanson von Leo Strauss, mit einer Widmung für Martha Glass.**
StaHH: 622-1 Familie Glass 1943-1945, 3.

FRAU GLASS ERGEBENST ZUGEEIGNET. THERESIENSTADT JANUAR
1944, LEO STRAUSS.

KOMM HEUTE ABEND MIT MIR AUF DIE BASTEI
THERESIENSTÄDTER TANGO
WORTE VON LEO STRAUSS – MUSIK VON ADOLF GLASSPIEGEL

Stets umdrängen uns die Menschenmassen
in übervollen Gassen,
die kaum die Menge fassen –

Einmal möcht ich dies Gewühl verlassen,
Nur einen Urlaub von der Stadt,
die soviel Kummer hat,
nur fort,
fort –

Komm heute abend mit mir auf die Bastei –
Dort scheint die Welt
Noch unverstellt
und frei –
Komm heute abend mit mir auf die Bastei –
Dort trägt die Luft
Bergwaldesduft
herbei.

Dort kann man ungestört
und ungehört
noch sprechen,

dort kann man unbelauscht
und windumrauscht
noch schweigen –

Komm heute abend mit mir auf die Bastei –
Weit in das Land
sehn Hand in Hand
wir zwei.

Heimatlose sind wir und vertrieben,
so fern von unsern Lieben,
die lange schon nicht schrieben –

Nichts auf dieser Welt ist uns geblieben –
Zuweilen schlägt das Herz so schwer
und trägt es nimmermehr,
nur fort,
fort –

Komm heute abend mit mir auf die Bastei – usw. usw.

xxxxxxxxxxxxxxxxxxxxxxxxxxx

95

6. FEBRUAR:
Bunten Bettbezug gewechselt.

8. FEBRUAR:
War im Theater und sah »Schlachtenlenker« von Bernard Shaw. Ein sehr satyrisches, interessantes, glänzend gespieltes Stück. Heute habe ich meine Karte an die Kinder abgeben können. Ob und wann sie sie wohl erhalten?

13. FEBRUAR:
Um 9 Uhr wurden wir zur Waage geführt und die Größe gemessen: 1,58 groß und 43 Kilo leicht. Leider nicht leicht genug, um Reco[67] zu bekommen, die ich unendlich nötig hätte.
Seit Tagen bin ich schwer erkältet. Als ich zur Toilette wollte, bekam ich wieder mal, wie schon öfter, eine Ohnmacht. Man trug mich hinein und nun muß ich wieder fest zu Bett liegen. Dabei hatte ich die große Freude, 2 Karten von den Kindern zu bekommen, eine vom August 43. Die letzte von Mitte Dezember. G.s.D. waren sie da gesund und auch das Kind scheint im Hause zu sein. Der Gruß aus einer anderen Welt hat mich richtig erschüttert.
Täglich besucht mich Lizzie Hensel, die, nachdem der Mann seit Jahren tot ist, vor 3 Wochen hier angekommen ist. Dagegen kam meine Karte an die Kinder wegen eines nicht zulässigen Satzes zurück. Es ist fraglich, ob man mir eine zweite gibt, worüber ich sehr unglücklich wäre. Das Leben hier ist manchmal schwer, manchmal kaum zu ertragen.

16. FEBRUAR:
Heute habe ich meine Karte an die Kinder abgegeben, nachdem ich die erste wegen eines unzulässigen Satzes zurückbekam. Hoffentlich wird diese angenommen.

21. FEBRUAR:
Seit einigen Tagen herrscht hier sibirische Kälte, mindestens [minus] 20 Grad! Auch liegt hoher Schnee. Der Februar holt an Strenge alles nach, was der Winter bis jetzt versäumt hat. Das heutige Datum habe

---

67   Reco oder Reko: Abkürzung für Rekonvaleszentenkost; es handelte sich um eine Sondermahlzeit pro Tag, die auf ärztliche Anweisung für die Dauer von maximal zwei Wochen gewährt wurde.

ich dick unterstrichen, da ich ab heute auf 14 Tage Recokost bekomme, das große Los für Theresin. Man muß schon in einem desolaten Gesundheitszustand und Mindergewicht sein wie ich momentan, um das zu erreichen. Und leider dauert die Herrlichkeit nie länger als 14 Tage. Wie es weitergehen wird, daß weiß nur der l. Gott.

24. FEBRUAR:
Heute war die Läuseärztin hier. G.s.D. alles negativ.
Eben erfahre ich, daß der arme Felix Wolff[68] am 21. gestorben ist. Auch er ein Opfer Theresienstadts. Durchfall und völlige Entkräftung, wie alle Menschen hier auf Dauer zugrunde gehen.

29. FEBRUAR:
Nun ist der arme Johannes Kahn[69] auch dahingegangen, auch ein Opfer Theresienstadts. Abgemagert bis zum Skelett und wiederholte Lungenentzündungen. Es lebt kaum noch ein Herr aus Hamburg und wann kommt's an uns Frauen? Er wird protestantisch beerdigt.
Wir kamen heute bei den Lebensmitteln an die Reihe. Unter anderem gab es 50 Sacharintabletten[70].

17. MÄRZ:
Es ist kein gutes Zeichen, daß ich so lange keine Eintragungen gemacht habe. Erneute Schwächeanfälle waren die Ursache, die leider sich immer häufiger wiederholen und immer unheimlicher werden. Kein Arzt kann helfen, da Medikamente nicht da sind und nichts nützen und die absolute Unterernährung der Grund ist. Wenn nicht bald Schluß des Krieges ist, halte ich nicht durch.
Der Gedanke, die Kinder nie wiedersehen zu sollen, deprimiert mich unsagbar, da ich so lange nichts von Berlin gehört und gar nicht weiß, wie es ihnen bei all den schweren Bombenangriffen dort ergeht und ob sie sich überhaupt in Berlin aufhalten.

---

68 Felix Wolff, ein guter Freund von Hermann Glass, vor 1933 Generalvertreter des Ullstein-Verlags in Hamburg. Er war in der Jüdischen Gemeinde aktiv tätig und gehörte dem Vorstand der 'Jüdischen Gesellschaft für Kunst und Wissenschaft' und des 'Jüdischen Kulturbundes' an. Er wurde am 24.2.1943 mit seiner Frau Martha nach Theresienstadt deportiert.
69 Johannes Kahn, geb. am 13.12.1870 in Hamburg, war ein Skatbruder von Hermann Glass.
70 Man durfte auf seine Bezugskarten immer nur dann etwas kaufen, wenn man gemäß dem festgesetzten Turnus an der Reihe war.

Hier grassieren so gräßliche Krankheiten, an denen die Menschen zugrunde gehen. Die häufigsten will ich mal mit den lateinischen Namen aufnotieren: Enteritis (Durchfall), Typhus, Ulcus (Magengeschwür), Encephalitis (Hirnhautentzündung) Impetigo (Furunkulose), Phlegmone (Rotlauf, Rose), Lungenentzündung. Alles ist hier so bösartig, wie man es sonst nicht kannte. Der Tod hält reiche Ernte bei Jung und Alt.

Das Wetter ist schon seit Wochen so rauh und kalt. Schneegestöber Tag für Tag. Ob in der Heimat auch solch strenger Winter herrscht? Wir wissen nichts von der Außenwelt und sind lebendig begraben.

21. MÄRZ:

Das 9. Päckchen kam heute, heiß ersehnt, umso mehr, da ich in großer Sorge um die Kinder war. G.s. D. die alte Adresse mit Ediths Handschrift. Inhalt: Schweineschmalz, Griebenschmalz, 1 Dose Milch, Kohlekompretten, 1 Dose sehr guter Hautcrème. Eine gute Vorbedeutung für den Frühlingsanfang. Im übrigen schneit es Tag für Tag und ist seit Wochen ein Hundewetter, so daß alle Leute krank sind.

Im Wäscheladen erstand ich zwei Shawls, einen wollenen, einen seidenen, je 10 Kronen.

24. MÄRZ:

Ich erstand eine schwarze Bluse für 50 Kronen. Eine sehr anständige Tuchbluse, vorne durchgeknöpft mit weißen Ecken am Hals. Sie ist zwar sehr eng, aber ich hoffe, daß sie zu ändern ist.

26. MÄRZ:

Eben war der Läusearzt hier, G.s.D. alles negativ. Abends war ich zum »Talismann« von Ludwig Fulda, ein auch heute noch bezauberndes Märchen. Es war nur eine Vorlesung mit verteilten Rollen.

1. APRIL:

Heute hörte ich »Nathan der Weise«, mit verteilten Rollen gelesen. Eine fabelhafte Leistung mit ersten Schauspielern, Recha (Cläre Arnstein), Nathan (Ben Spanier), Tempelherr (Lerner), Saladin (Roth), Laienbruder (Schönfeld)[71]. Es war ein hoher Genuß mit vielen ewigen Weisheiten.

---

71 Siehe Seite 100.

Gedenkstätte Terezín: A 3774.

8. APRIL:

Nun ist Pollack als letzter aus Hermanns Zimmer davongegangen. Er war immer Optimist und hoffte so fest auf bessere Zeiten. Auch er ein Opfer des Hungers und der vollständigen Unterernährung.

9. APRIL:

Frau Cohens Geburtstag. Wir armen Ghettoschwestern schenkten gemeinsam eine hübsch garnierte Brottorte. Dazu ein kurzes, von mir verfaßtes Gedicht. Ich habe plötzlich mein Talent entdeckt und dichte zu allen möglichen Gelegenheiten. Nachmittags ging unser Zimmer in die Sokolovna, wo wir auf Lunge und Herz geröntgt wurden, da die Tuberkulose in Theresin erschreckend zunimmt. Außer meinen Füßen, die mich fast nicht tragen, und der unheimlichen Magerkeit fühle ich mich ganz wohl.

Endlich merkt man das Frühjahr. Die Blätterknospen stehen dicht vor dem Aufbrechen.

14. APRIL:

Das 10. Päckchen von den Kindern, diesmal schon nach 3 1/2 Wochen, worüber ich überglücklich und immer G.s.D. aus der Kastanienallee. Inhalt: Schmalz und etwas Sülze, Zucker, 1 Dose Milch, 1 Dose Sprotten in Öl, alles für mich Hungerleider unbeschreibliche Genüsse.

21. APRIL:

Heute durfte ich an die Kinder schreiben. Hoffentlich erreicht sie die Karte. Frau Auguste Levison aus Bünde starb am 21., nachdem sie ihr gebrochenes Bein noch einmal gebrochen hatte. Die Ärmste hat fürchterlich gelitten und ihren Mann schon vor einigen Wochen verloren. So geht einer nach dem anderen davon.

22. APRIL:

Vier Betten werden entfernt und wir bleiben nur noch sechs Damen in der jetzt offiziell erklärten Wärmeküche[72]. Und zwar der alte Stamm, Frau Aren, Frau Cohen, Frau Friedheim, Herta, Frau Lazansky, ego.

---

71 Cläre Arnstein und Ben Spanier waren bis 1941 Schauspieler im Jüdischen Kulturbund Berlin. Der Schauspieler Fritz Lerner kam aus Tabor, Böhmen, nach Theresienstadt. Cläre Arnstein, Ben Spanier und Fritz Lerner wurden nach Auschwitz weiterdeportiert und ermordet.

FISCHER CHOR

SYNAGOGALE - MUSIK

★

GEISTLICHE   ORATORIEN:

DIE SCHÖPFUNG

VON J. HAYDN

ELIAS

VON F. MENDELSSOHN.

★

OPERN - KONZERT:

CAVALLERIA-RUSTICANA

AIDA

DIRIGENT: KARL FISCHER.

———— Gedenkstätte Terezín: PT 4042.

Hoffentlich werden wir mehr Platz, Luft und Licht infolge der Veränderung bekommen, was enorm nötig ist.

23. APRIL:

Wieder ein künstlerisches Erlebnis in unserem Exil. Ein so grotesker Gegensatz zwischen geistigen überragenden Leistungen auf der einen Seite und Hunger, Schmutz und Ungeziefer auf der anderen Seite. Ich hörte die »Schöpfung« von Haydn, so vollendet der Chor, Begleitung am Flügel und Solisten, wie man sie in besten Zeiten in der Großstadt nicht besser bringen konnte. Alles verbannte Künstler, mit Hunger, alle Tage schwer arbeitend, mit einer Begeisterung bei der Sache, die erschütternd war[73]. Sollte ich je wieder in normale Verhältnisse kommen, diese Theresienstädter Erlebnisse werde ich nie vergessen.

28. APRIL:

Zum ersten Mal Vitamine seit 1 1/2 Jahren. Es gab zum Mittag 1 Löffel sehr gut gekochten Spinat. Man lechzte förmlich nach der langen Zeit einseitiger Kost nach etwas Grünem, und G.s.D. bekamen wir heute, am 1. Mai, wieder Spinat zum Mittag.[74]

29. APRIL:

Endlich wieder ein begeisterndes Douche-Bad.
Am 30. April war ich zu einem Wiener Dichternachmittag. Um 1900 herum war die Hochblüte der Dichtungen in Wien. H[ugo] v. Hofmannsthal, [Richard] Beer-Hofmann, [Peter] Altenberg, F[elix] Salten usw.. Es wurden gute Gedichte aus der Zeit vorgelesen und zum Schluß »Komtesse Mizzi«[75] mit verteilten Rollen in sehr guter Besetzung gegeben.

2. MAI:

Läusearzt war hier. G.s.D. alles negativ.

---

72   Hier konnten die Bewohner eines Blocks ihr Essen, das sie durch die Kälte nach Hause tragen mußten, aufwärmen.
73   Einstudierung Karl Fischer; Chor und Solisten wurden von Renée Gärtner-Geiringer, einer Pianistin aus Wien, am Flügel begleitet. Die Künstlerin wurde im Herbst 1944 nach Auschwitz deportiert.
74   Die Eintragungen zum 29. und 30.4. erfolgten offenbar am 1. Mai.
75   Komödie in einem Akt von Arthur Schnitzler.

3. MAI:

Das 11. Päckchen von den Kindern, diesmal schon nach drei Wochen. Ich bin überglücklich. Inhalt: Ein großes Stück Wurst, 1/4 Pfund Schweineschmalz, 60 Süßstofftabletten, 1 Dose Milch, 1 Dose Wundsalbe, 1 Tüte Bonbons.

10. MAI:

Nach acht Tagen schon wieder ein Päckchen von den geliebten Kindern. Diesmal mit den herrlichsten Stärkungsmitteln. 1 Dose Biomalz, 1 Paket Dextropur, 1 Paket Knäckebrot, 1 Päckchen Pumpernickel. Ich habe mich rasend gefreut.

11. MAI:

Bad mit Kopfwäsche, wie immer herrlich.

12. MAI:

Heute ist ein Tag des Schreckens. Es werden wieder Transporte ausgetragen, als erste aus unserem Zimmer Frau Friedheim. Dann ferner Frau Cohen und fast alle alleinstehenden Frauen aus unserem Hause.[76] Herta Friedheim, die morgen aus dem Spital entlassen wird, hat sich natürlich freiwillig gemeldet, da sie noch nie im Leben eine Stunde von ihrer Mutter getrennt war und beide ohne einander zu Grunde gehen.

14. MAI:

Heute am Sonntag mußten die armen Menschen antreten, leider ohne Herta. Sie wird nun wohl alleine abtransportiert, was das Mädchen mit ihrem Leiden und ihrer Unselbständigkeit gar nicht überleben wird. Und ob sie je die Mutter treffen wird? Es ist eine Tragödie.[77]

15. MAI:

Nun hat Haas'[78] das Los getroffen und es wird fieberhaft gepackt, was das Allerschlimmste ist, denn Koffer bekommt man nicht, so muß man alles weich verpacken, wozu mir alles fehlt.

---

76 Es handelt sich wieder um Deportationen in die Vernichtungslager.
77 In den Transporten vom Mai 1944 wurden über 7500 Menschen weiterdeportiert.
78 Siehe nächste Seite.

Ich bin in größter Unruhe und Unsicherheit, denn alle Lieben sind fort. Es war ein furchtbarer Abschied fürs Leben. Lina ist fort, dann Frau Martienssen, Frau Kahn, Frau Koopmann, Toni Marcus, Galewskis.[79] Ich habe niemanden mehr hier und mir ist so wehmütig und traurig zu Mut, so allein und so in Angst und Aufregung. Und doch blieb ich gerne hier, wenn auch ganz allein, denn hier kennt man sein Leben und hat sich eingewöhnt, und wie es in Birkenau ist, weiß kein Mensch.

16. Mai:

Haas' sind aus dem Transport gezogen wie durch ein Wunder, weil andere Strafgefangene eingereiht wurden. Die Freude ist groß. Hoffentlich bleiben sie endgültig. Vor Donnerstag, wo der dritte und letzte Transport geht, kommen wir alle nicht zur Ruhe. Dann hätten wir wieder eine Galgenfrist bis zum nächsten Transport. Jeder Tag in Theresin ist ein Geschenk.

17./18. Mai:

Nun mußten die armen Haas' plötzlich doch wieder einrücken, auch die einzige Tochter von Lazanskys. Es ist zu grausig, wie die Familien auseinandergerissen werden und sich wahrscheinlich im Leben nicht wiedersehen. Daß man geboren wurde, um im Alter so etwas zu erleben.
In unserem Haus sind statt 100 Menschen nur noch 54.
Eben ist Frl. Lazansky freigekommen, das Glück von den Eltern und der Tochter ist unbeschreiblich. Nie im Leben werden die drei sich mehr trennen.

26. Mai:

Das Leben geht weiter. Ich gehe zwar wie in einem bösen Traum umher und bin vollkommen menschenscheu geworden. Heute war ich zum Baden, wo es sehr leer und wie immer herrlich war.

---

78 Berta Haas, geb. am 20.12.1892, und ihr Mann kamen aus Mainz. Vgl. Gedenkbuch. Opfer der Verfolgung der Juden unter der nationalsozialistischen Gewaltherrschaft in Deutschland 1933-1945. Bearbeitet vom Bundesarchiv Koblenz und dem Internationalen Suchdienst, Arolsen. 2 Bde, Koblenz 1986.

79 Es handelt sich um Bertha Koopmann, geb. 25.11.1869 in Berlin, Selma Galewski, geb. am 12.10.1880 in Kasparus, Marcus Galewski, geb. am 7.3.1870 in Kempen. Vgl. GB.

27. MAI:

Nach 2 1/2 Wochen das 13. Päckchen von den Kindern, wie immer heiß ersehnt und mit der alten Adresse. Inhalt: 1 Pfund Gries, 1/2 Pfund Haferflocken, 1 Dose Milch, 1 Stck. Speck, 2 Puddingpulver. Alles bis auf Speck und Haferflocken habe ich getauscht auf Brot und Kartoffeln im Werte von 50 Kr.

31. MAI:

Meine Karte an die Kinder geschrieben.

4. JUNI:

Läusearzt. Ich wurde ganz allein untersucht. G.s.D. negativ.

13. JUNI:

Ich bin zwar abergläubisch und liebe die 13 nicht. Aber heute ist ein großer Glückstag für mich. Eine Karte der Kinder aus Berlin, allerdings vom 6. April. Sie sind G.s.D. gesund und alle drei beisammen. Und dann das erste Sardinenpäckchen aus Lissabon, höchstwahrscheinlich von Inge.[80] Wie man allgemein sagt, folgen jetzt die Sardinen in regelmäßigen Abständen. Ein großes Glück für mich, denn ich tausche sie gegen Kartoffeln und Brot, um nicht zu hungern.

17. JUNI:

Heute ein Bad mit Kopfwäsche. Wie immer herrlich.

18. JUNI:

Meine Nummer[81] war heute im Kleiderladen dran. Ich erstand ein schwarz-weißes Georgettekleid für 45 Kr., eine Bluse für 25 Kr. und eine Mütze für 12 Kr.
Wir mußten um 9 Uhr zur Waage. Ich habe seit Mitte Februar 3 Kilo zugenommen und habe also keinen Anspruch mehr auf Zubuße[82]. Bis auf die sehr geschwollenen und schmerzenden Füße fühle ich mich recht wohl.

------

80 Die Sardinendosen kamen von einer jüdischen Organisation in Lissabon, der Inge Tuteur Geld geschickt hatte.
81 Jeder Häftling war mit einer Nummer gekennzeichnet; sie setzte sich zusammen aus der Bezeichnung des Transports, mit dem er gekommen war, sowie der laufenden Nummer auf der Transportliste.
82 Zusätzliche Lebensmittelration in Form von Zucker und Margarine.

19. JUNI:

Das 14. Päckchen von Edith. Inhalt: 1 Pfund Zwiebeln und ein Glas selbstgekochte Dreifruchtmarmelade. Ein Kilo Zwiebeln hat hier den Wert von 60 Kr.

23. JUNI:

Heute wird hier eine deutsche Commission zur Besichtigung von Theresienstadt erwartet, darunter der Herzog von Coburg als Vorsitzender des Deutschen Roten Kreuzes. Seit Tagen ist die Stadt im Reinigungsfieber. Es wird geputzt und gescheuert. Die Juden schuften und arbeiten unerhört. Dazu die wundervollen Anlagen und Plätze, die fabelhafte Stadtkapelle, die mit unerhörten Musikern jeden Nachmittag konzertiert. Man kommt sich vor wie an einem wunderschönen Kurort und kennt das dreckige Theresin, wie es noch vor einem halben Jahr war, überhaupt nicht wieder.[83]

28. JUNI:

Eben komme ich vom Baden, wie immer herrlich. Die alten Lindenbäume stehen in voller Blüte und duften überwältigend.

30. JUNI:

An die Kinder geschrieben.

4. JULI:

Das zweite Sardinenpäckchen aus Lissabon bekommen. Es war auch höchste Zeit, denn ich war wieder sehr in Not und kann mich nun mal wieder satt an Brot essen. Diesmal habe ich die kleine Dose selbst gegessen. Sie schmeckte wundervoll; es waren große prachtvolle Fische.

5. JULI:

Das 15. Päckchen von den geliebten Kindern. G.s. D. die alte Adresse. Inhalt: Eine Dose Biomalz, eine Dose Fischrogen, ein Stück Cervelatwurst, Schmalz, 5 Brühwürfel, eine Tüte Trockengemüse (Wirsingkohl).

---

83   Die Gefangenen waren falsch unterrichtet worden. Die Kommission war international besetzt und sollte sich über die Lage der dänischen Häftlinge informieren.

8. JULI:

Schon wieder ein Päckchen von den treuen, rührenden Kindern, das 16. Mit herrlichem Inhalt: 1/2 Pfund Nudeln, 1/2 Zucker, 1/4 Haferflocken und ein wenig Reis. Nur so bin ich wieder auf die Beine gekommen und hoffe, weiter durchzukommen.

Es herrscht seit Tagen eine tropische Hitze; alles nimmt Sonnenbäder. Ich sehe aus wie ein Neger.

Eben komme ich aus »Cyrano de Bergerac« von Edmond Rostand, übersetzt von Ludwig Fulda. Es wurde mit verteilten Rollen gelesen, hoch poetisch und eine wundervolle Sprache. Ich war sehr begeistert bis auf die unerträgliche Hitze auf dem Boden.[84] Schauspielern und Publikum lief das Wasser nur so herunter.

10. JULI:

Der Läusearzt war da, alles negativ.

Und wieder ein Päckchen, das 17., Inhalt: Ein Paket leider total verschimmeltes Vollkornbrot, 1 Dose Milch, ein Päckchen Julienne[85] und ein paar Backpflaumen, zwei Pakete Milei.[86]

11. JULI:

Eben habe ich mir zum dritten Mal Sardinen geholt und fühle mich furchtbar reich.

13. JULI:

Das 4. Päckchen Sardinen. Eine große Dose habe ich mir geleistet. Sie schmecken fabelhaft.

15. JULI:

Zum Cabaret »Karussell« unter Kurt Gerron[87] bekam ich eine Karte. Es war ein hoher Genuß. Lauter erste Künstler und der Komponist und Pianist Roman[88] am Flügel. Man muß immer wieder staunen, was einem an Geist und höchster Kunst geboten.

Gestern stand ich beim Platzkonzert in der Nähe des Orchesters.

---

84 Vorstellung auf einem der nicht isolierten Dachböden.
85 Bezeichnung für Trockengemüse.
86 Eipulver.
87 Siehe nächste Seite.
88 Siehe nächste Seite.

Plötzlich fällt mir das Gesicht des Oboisten auf. Es war Pollo Adler[89]. Ich ließ ihn durch einen anderen Musiker, der bei uns im Hause wohnt, grüßen. Prompt am anderen Abend besuchte er mich mit seiner jungen bildhübschen und reizenden Frau. Anhänglich wie alle Adlers, und wir plauderten von Hamburg.

Es kam ein Päckchen von Dr. Hannes; ich bin gerührt ob solcher Anhänglichkeit, mit soviel Aufmerksamkeit gepackt, wenn auch kleinste Quantitäten. 3 Tütchen mit Cakes, ein wenig Reis, Haferflocken, Gries, Spaghetti, Zucker.

Hamburg, Krankenhaus, Schäferkampsalle 29.[90]

28. JULI:

Das 18. Päckchen kam eben von den Kindern, G.s.D. die alte Adresse; Inhalt: Total verschimmeltes Vollkornbrot, 1 Päckchen Zwieback, 1 Dose Milch, 1/2 Pfund Gries, 1 Pfund Marmelade. Es ist immer eine große Hilfe für mich.

Gestern lag ich stundenlang auf den Schanzen[91] und sonnte mich. Und abends hörte ich Faust II, herrlich gelesen. Faust (Arnfeld), Mephisto (Lerner). Es sind erste Schauspieler. Man entbehrt die Bühne überhaupt nicht.

11. AUGUST:

Das 19. Päckchen von den Kindern, gleichzeitig mit Sardinen aus Lissabon. G.s.D. Kastanienallee. Inhalt: 1 Dose Milch, 1 Pfund selbstgekochte Stachelbeermarmelade, 1 Stck Speck, 1/4 Pfund Gries, 1 Zitrone.

---

87   Beliebter Berliner Kabarettist, wirkte 1930 als Kabarettdirektor in Josef von Sternbergs Film 'Der blaue Engel' mit; Hauptrolle: Marlene Dietrich. Im Februar 1944 wurde Gerron aus seinem Exil in Holland nach Theresienstadt deportiert, wo er das Kabarett 'Karussell' gründete. Die SS bestimmte ihn zum Regisseur des Propagandafilms über Theresienstadt. Im Oktober 1944, unmittelbar nach Beendigung der Dreharbeiten, wurde Kurt Gerron nach Auschwitz weiterdeportiert.
88   Der Jazz-Pianist Martin Roman, der mit Kurt Gerron nach Theresienstadt gekommen war, trat im 'Karussell' auf und leitete die 'Ghetto-Swingers', eine Band, die amerikanischen Jazz spielte.
89   Paul Wilhelm Adler, geboren 1915 in Hamburg, Sohn des Hamburger Künstlers und Hochschullehrers Friedrich Adler. Die Familien Glass und Adler waren in Hamburg sehr befreundet gewesen. Paul Wilhelm Adler, Keramiker und Musiker, war mit seiner Frau Eva Senta aus Berlin nach Theresienstadt deportiert worden. Er wurde 1944 nach Auschwitz weiterdeportiert.
90   Adresse von Dr. Hannes in Hamburg – am Rand der Seite notiert.
91   Die inneren bewachsenen Wälle der Festung, auch Bastei genannt. Im Sommer 1944 waren sie für die Häftlinge zugänglich.

12. AUGUST:

An die Kinder geschrieben. Ich hörte eine junge Pianistin, 24 Etüden von Chopin spielte sie, Alice Herz-Sommer[92], eine vollendete Künstlerin.

21. AUGUST:

Aus Lissabon das 6. Päckchen, leider keine Sardinen, sondern eine Dose Traubenmarmelade, die ich gegen Brot tauschen muß.

26. AUGUST:

Ich war zum Wiegen und habe im letzten halben Jahr 7 Kilo zugenommen, d.h. ich wiege jetzt 50 Kilo gegen 43 und bin froh und glücklich dank der Päckchen der Kinder.

30. AUGUST:

Aus Lissabon das 7. Päckchen Sardinen, leider 2 kleine Dosen. Gestern abend war ich im »Elias«, eine wundervolle Aufführung, die mich unendlich gepackt hat. Solisten und Chor auf enormer Höhe, Begleitung an zwei Flügeln.[93]

14. SEPTEMBER:

Wäsche zur Wäscherei gegeben. Es ist immer noch herrliches Herbstwetter, allerdings morgens empfindlich kalt. Ich bin von 10 Uhr bis 6 Uhr im Freien, was mir glänzend bekommt.

17. SEPTEMBER:

Rosch Haschanah, schon der dritte im Exil. Ich habe furchtbar mit der Galle zu tun und leide seit längerer Zeit an Sodbrennen. Man hat uns zu den Feiertagen extra Gaben gespendet. Alte Leute über 60 Jahren bekamen 200 Gr. Nudeln und abends einen Lebkuchen. Die Jüngeren bekamen je eine Ecke Emmenthaler.

---

92 Pianistin aus Prag, geb. 1905; sie gab in Theresienstadt mindestens 5 abendfüllende Konzerte. Ihr Programm hatte sie in Prag einstudiert und spielte es auswendig. Die Künstlerin überlebte Theresienstadt. Vgl. Viktor Ullmann, 26 Kritiken, ebd.

93 Oratorium von Felix Mendelssohn-Bartholdy. Karl Fischer hatte das Werk mit einem 80 Sänger umfassenden Chor einstudiert. 2 Klaviere ersetzten das Orchester. Walter Windholz sang die Titelpartie. Vgl. Viktor Ullmann, 26 Kritiken, ebd.

25. SEPTEMBER:

Heute ist ein schwarzer Tag. Gestern bekamen alle Männer zwischen 18 und 55 Jahren Befehl zu packen, und heute sind sie schon in der Schleuse[94]. Wohin es geht, weiß man nicht.[95] 5000 Männer sind fort und Theresienstadt ist wie ausgestorben und grauenüberströmt. Herr Lazansky, dessen Frau meine Zimmergenossin ist, ist auch dabei. Der Abschied war herzzerreißend.

27. SEPTEMBER:

Jom Kippur, wohl der traurigste meines Lebens. Um 4 Uhr ging ich zum Gottesdienst in die Sokolovna. Es war unglaublich feierlich mit Chor und Solisten. Ein Mischling[96] Messerschmidt als Kantor sang erschütternd, am selben Abend mußte er in den Transport.

30. SEPTEMBER:

Seit heute kommen auch Frauen mit. Vorläufig 500 Frauen. Nächste Woche geht's weiter und so leert sich Theresienstadt langsam aber sicher.

Wo werde ich enden?

Von den Kindern höre ich seit 7 Wochen nichts. Ich mache mir die größten Sorgen.

4. OKTOBER:

Eben habe ich ein Päckchen abgeholt; endlich nach fast acht Wochen das erste Lebenszeichen, ich war schon verzweifelt. Am 11. August bekam ich das letzte. Das heutige ist das 20. Inhalt: 1 Dose Biomalz, Milch, 1/2 Pfund Gries, 1/2 Pfund Zucker, Handcreme, Körperpuder, 1 kaputte Bademütze, die ich gleich verbrannt habe, 2 Eiersatz, 1 Stückchen Wurst.

11. OKTOBER:

Seit 14 Tagen gehen regelmäßig Transporte von 1500 Menschen hier fort zur Arbeit nach Deutschland. Menschen im Alter von 15-65

---

94 Sammelstelle für die ankommenden und abfahrenden Häftlinge. Hier wurde das Gepäck durchsucht und alles Verbotene vom Wachpersonal einkassiert.
95 Im Herbst 1944 wurden in insgesamt 11 Transporten rund 18.400 Menschen von Theresienstadt nach Auschwitz deportiert.
96 Gemeint ist vermutlich ein sogenannter »Halbjude«, dessen Vater oder Mutter nicht jüdisch ist.

Jahren.[97] Heute ist auch Frau Lazansky mit ihrer Tochter fort. Wohin, weiß niemand.
Eben komme ich vom Baden.

13. OKTOBER:
Schon wieder ein Päckchen von den Kindern und zwar ein größeres. Ich bin überglücklich. Inhalt: Haferflocken, Nudeln, Zucker, Trockengemüse, Biomalz, 1 Stückchen Speck und 3 Puddingpulver, 1 Paar Strümpfe.

22. OKTOBER:
Heute haben uns Fränkels verlassen mit dem 7. Transport. Es war herzzerreißend. Der totkranke Mann und die zarte Frau. Das Grausigste ist, daß man nicht weiß, ob die Ehepaare getrennt werden. Kranke, Blinde, Tuberkulöse, Waisenkinder, alles ist fort. Ein solches Elend und Jammer hat's noch nie gegeben. 12.000 Juden sollen im Ghetto bleiben. Man zittert vor jedem Tag und neuen Befehlen.

29. OKTOBER:
Gestern ging angeblich der letzte Transport. Ich habe kaum noch einen bekannten Menschen hier. Vom 27. September bis 28. Oktober gingen zwei x wöchentlich Transporte, so daß nur noch 10.000 Menschen im Ghetto sind. Aus unserem Haus sind fast alle Menschen, mit denen ich über zwei Jahre zusammengelebt habe, fort. Wir sind nur noch 20 Menschen von einst 140.

4. NOVEMBER:
Gestern und heute waren wir abkommandiert ins Columbarium, um die Urnen der Verstorbenen hinauszutragen. Wir mußten auf zwei Seiten Schlangen bilden und eine der anderen die Urnen, die mit Namen und Nummern versehen waren, anreichen, stehend im rasenden Tempo vier Stunden. Zur Belohnung gab's für acht Stunden eine Dose Leberpastete, die ich gleich gegen 2 1/2 Kilo Kartoffeln getauscht habe.
Heute habe ich meine Karte an die Kinder geschrieben.

---

97 Auch diese Transporte gingen nach Auschwitz.

17. November:

Eben habe ich mir ein herrliches Paket von den Kindern abgeholt, nach genau fünf Wochen. Inhalt: Haferflocken, 2 Sorten Nudeln, Hefeflocken Tropon, 1 Dose Milch, 1 Dose Gabelbissen, 1/2 Pfund Zucker, 1 Pfund Marmelade, Speisesyrup, 100 Sacharintabletten, 1/2 Pfund Margarine. Alles ist mir gleich willkommen, und ich bin überglücklich, vor allem über die selbstgeschriebene und unveränderte Adresse.

23. November:

Ein ganz schwarzer Tag in meinem Theresienstädter Leben. Vorgestern kam plötzlich der Befehl, daß die kurze Straße bis zum 23. zu räumen sei. Nun muß ich nach 2 1/2 Jahren, in denen ich besonders gut gewohnt habe, umziehen und komme nun nach Hauptstr. 15, erster Stock, mit zehn Damen zusammen und muß mich auf's Neue nach so viel Bequemlichkeit sehr einschränken und fügen. Ich bin verzweifelt und beneide den guten Hermann, der nach so viel Leid und Qualen seine endgültige Ruhe gefunden hat.

6. Dezember:

Nun bin ich schon 14 Tage in der neuen Behausung und noch so unglücklich wie am ersten Tag. Die Mitschwestern sind sehr nett. Die Stubenälteste Frau Nathan, dann Frau Lüllemann[98] aus Hamburg, Frau Crenau aus Hamburg, Frau Neuberger aus Würzburg, Frau Meyerhof aus Berlin, Frau Gottlieb aus Wien, Frau Gollerstepper aus Wien, Frau Heinrich Mann[99] aus München, Frau Soestheim aus Düsseldorf und ich.
Es ist eine solche Enge, daß ich nicht ein einziges Kleidungsstück aufhängen kann. Zwei Koffer habe ich zur Aufbewahrung auf den Boden gebracht. Alles andere mußte ich unter dem Bett verstauen, und von Ordnung kann überhaupt keine Rede sein. Dann das Primitivste von Toiletten, und jeder Tropfen Wasser muß vom Hof geholt, dort auch abgewaschen werden und Schuhe und Kleider gereinigt. Da ich im ersten Stock wohne, ist das alles äußerst unbequem, und man rennt den ganzen Tag treppauf, treppab.

---

98 Elise Lüllemann, geb. am 6.1.1888 in Dresden, überlebte Theresienstadt.
99 Maria (Mimi) Mann, geb. Kanová, von Beruf Schauspielerin, war die geschiedene Frau von Heinrich Mann. Sie stammte aus Prag, war 1933 wieder dorthin geflohen und wurde 1941 nach Theresienstadt deportiert. Sie starb 1946 im Alter von 60 Jahren.

25. DEZEMBER:

Erst jetzt am 1. Weihnachtstag komme ich mal wieder dazu, Eintragungen zu machen. Seit einigen Tagen herrscht sibirische Kälte, mindestens [minus] 16-20 Grad, und unser Zimmer mit vier Nordostfenstern und einem kleinen Öfchen ist so schlecht geheizt, daß wir zähneklappernd herumsitzen.

Den Heiligen Abend verbrachten wir ganz gemütlich, jeder spendierte eine Kleinigkeit. Eine Dame reichte kleine Appetitschnittchen mit Dorschrogen, Kartoffelsalat, Kartoffelpuffer, eine andere jedem ein kleines Fischchen in Tomaten, je ein Bonbon. Ich hatte für jeden ein Stück Würfelzucker.

Gerührt zu Tränen hat mich Ilse Wolfers (Rothgiesser)[100], die ich durch Zufall neulich in der chirurgischen Ambulanz nach unendlichen Jahren wiedersah. Sie kam gestern abend mit Mann und Jungen und brachte mir ein Stück selbstgebackenen Kuchen, für hier eine große Rarität und Köstlichkeit, das himmlisch geschmeckt hat.

30. DEZEMBER:

Heute bekam ich ein langersehntes großes Paket. G.s.D. mit Ediths Schrift und der alten Adresse. Was müssen die Kinder zusammengespart und sich entzogen haben, um mir solch reichhaltges Paket zu schicken. Inhalt: Weiße Bohnen, Mehl, Nudeln, Gries, Hefeflocken, Siebengewürz, 100 Sacharin, 1/4 Margarine, 1/4 Butter, 1 Stck. Wurst, Zwiebeln und 1 Paket unbeschreiblich gute selbstgebackene braune Kuchen, 1/2 Pfund Zucker.

Dank der Packerl leide ich schon lange keinen Hunger mehr und fühle mich recht wohl trotz der barbarischen Kälte von mindestens 20 Grad. Morgen geht das Jahr 44 zu Ende, das trotz Kummer und Sorgen und Entbehrungen rasend schnell verflogen ist. Was wird 1945 bringen?

---

100   Eine Bekannte aus Hamburg.

1945

3. JANUAR 1945:
Seit gestern liege ich mit einem schweren Magen- und Darmkatarrh und dem entsetzlichsten Sodbrennen. Ich habe wohl aus dem Päckchen zu viel des Guten getan und besonders von der fetten Cervelatwurst zu hastig gegessen, was mein geschwächter Körper nicht mehr verträgt und worauf er mit furchtbarem Erbrechen reagierte.

5. JANUAR:
Nun haben wir schon den 5. und allmählich werde ich wieder Mensch. Kranksein kann man sich in einer Gemeinschaft von zehn Personen nicht leisten. Jeder denkt nur an sich und das Essen sich von jemandem mitbringen zu lassen, ist ein Riesenopfer und muß bezahlt werden.
Endlich bin ich die Wäsche losgeworden, die ich seit September liegen hatte. Heute geht meine Karte an die Kinder und Dr. Hannes ab.

12. JANUAR:
Nachdem ich lange Zeit am Magen und unter entsetzlichem Sodbrennen leide, habe ich mich endlich aufgerafft, einen Spezialisten aufzusuchen. Heute früh bin ich geröntgt worden, und am 14. wird mir der Arzt sagen, was der Grund meiner Beschwerden ist.

15. JANUAR:
Gestern war ich nun wieder beim Spezialarzt Dr. Karl Klein. Das Röntgenbild hat eine chronische Gallenblasenentzündung ergeben. Ich bin schon froh, daß es kein Ulcus ist, was er zuerst befürchtete. Ich soll öfter und wenig essen, jeden Abend eine heiße Tasse Thee trinken und Tabletten schlucken. Hoffentlich bessert sich das Sodbrennen. Er stellte mich auf die Waage. Ich wiege rund 50 Kilo.

31. JANUAR:
Der dritte Geburtstag im Exil, einsam und voller Sehnsucht nach den Kindern. Und doch war ich gerührt über die Liebe und Aufmerksamkeit meiner lieben Zimmergenossinnen. Frau Lüllemann hat mich angedichtet und dann hatte jede eine kleine Aufmerksamkeit für mich. Frau Neuberger 1 Tütchen Graupengries, ihr Mann 2 Scheiben Brot, Frau Meyerhof 4 Kartoffeln und Trockenzwiebeln, Julie

Soestheim ihre ganze Buchtel[101], Frau Mann Suppennudeln, ebenso Frau Nathan, Frau Lüllemann 2 Scheiben Brot, Frau Gottlieb ein Tütchen mit Erbsen, Frau Crenau einen Suppenwürfel. Frau Leers verehrte mir ihre Zuckerration, ebenso Frau Jeruchim, Frau Felix Wolff[102] Kartoffeln und einen Suppenwürfel.

Morgens schickte mir eine Dame einen reizenden kleinen Mohr als Nadelkissen. Ich konnte mich aber auch prachtvoll revanchieren. Von der Fürsorge erhielt ich eine Tüte mit Cakes und ein Kleckschen Marmelade. So verehrte ich jedem ein Cakes, mittags 1 Löffel herrlicher Bohnensuppe, die mir die Kinder geschickt.

Abends reichte ich jedem ein Stück Kartoffelpuffer auf einem Scheibchen Brot, die unter größten Schwierigkeiten in der Wärmeküche gebacken waren. Kartoffeln (4 Kr. das Kilo) und Sana[103] hatte ich mir schon wochenlang für diesen Zweck gespart. So verlief der 67. so gut, wie er in Theresienstadt nur verlaufen konnte.

Seit heute ist endlich der strenge Frost gebrochen. Es taut, und die Menschen atmen auf, trotz des entsetzlichen Matsches auf den Straßen. Hoffentlich bleibt es jetzt gelinde, denn diese Kälte im fast ungeheizten Zimmer war unerträglich.

5. FEBRUAR:

Heute ist wieder ein aufregender Tag. Es ging ein Transport, angeblich in die Schweiz als Austausch gegen Kriegsgefangene. Ich hatte auch eine Aufforderung, mußte nachts um 1 Uhr in die Sokolovna und konnte dort die Erklärung abgeben, ob ich mitgehen wolle oder nicht. Ich wollte freiwillig mit und stand mit Tausenden am Sonntag früh von 7 Uhr bis 11 vor der Commandantur. Dann packte ich den ganzen Nachmittag nur das Allernötigste. Und schließlich bin ich gar nicht mitgekommen und weiß nicht, ob ich darüber froh oder traurig sein soll. Jedenfalls lasse ich meinen Koffer gepackt und warte ab, was mit mir geschieht und wohin man mich verfrachtet.

Wir armen Juden finden keine Ruhe im Leben. Jeder Tag bringt neue Aufregungen und neuen Schrecken.

---

101 Hefekuchen, böhmische Spezialität.
102 Martha Wolff aus Hamburg überlebte Theresienstadt.
103 Vermutlich Margarine.

17. März 1945:
Wie lange habe ich keine Eintragungen gemacht. Ein Tag verläuft
wie der andere, ausgefüllt mit gröbster Hausarbeit und Strümpfestopfen. Wir haben schon den 17., und von den Kindern höre ich
nichts, was mich sehr beunruhigt.
Im Theater sah ich den »Kammersänger«, einen sehr veralteten Ein-
akter von Wedekind.[104] Und gestern war ich zu einem Bach-Klavier-
abend von Edith Steiner-Kraus, recht mäßig.[105] Und doch ist es nach
wie vor staunenswert, was trotz der schwersten Arbeit an Kunst und
geistiger Anregung geboten wird.

28. März:
Ich habe mich dieses Mal (es ist der dritte Ostern) zur Osterkost
gemeldet. Es gab pro Kopf 3 Pfund Mazzoth[106], furchtbar wenig für
eine Woche. 1 Pfund habe ich gegen 1/2 Brot getauscht, und trotz-
dem werde ich am Ende der Woche ohne alles sein und hungern. Die
Kost scheint sehr gut zu sein und ist mal eine willkommene Abwechslung in dem ewigen Einerlei.
Heute mittag gab es süßsaure weiße Bohnen, einfach delikat und
abends Mazzebrei. Morgen gibt es mittags 2 Mazzeklöße mit Zucker
und abends Pellkartoffeln. Hier dreht sich alles um den Magen und
den ewigen Hunger.
Sonntag, den 1., ist Ostern, Montag hat meine süße Renate Geburtstag und wird schon 19 Jahre alt. Ich denke unaufhörlich an das arme
Kind und habe keine Ahnung, wo es sich aufhält und wie es ihm
geht. Auch die Kinder in Berlin, was mag aus ihnen geworden sein?
Ob wir uns wohl im Leben mal wiedersehen und wie? Es ist ein
grausiges Geschick!! Dabei fängt alles um mich herum an, zu grünen
und zu blühen. Theresienstadt ist dann zauberhaft schön, und man
vergißt für Augenblicke die grausige Gefangenschaft, in die wir
unverschuldeter Weise geraten.

---

104 Frank Wedekind (1864-1918) – expressionistischer Dramatiker, Lyriker und
      Erzähler
105 Edith Steiner-Kraus, geb. 1913 in Wien, war eine Schülerin von Arthur Schnabel.
      Sie überlebte Theresienstadt. Vgl. Viktor Ullmann, 26 Kritiken, ebd.
106 Mazzot – runde Brotfladen aus Weizenmehl und Wasser ohne Zusatz von Sauer-
      teig. Es wird zu Pessach gegessen, dem »Fest der ungesäuerten Brote«.

Männer und Frauen von Theresienstadt !

Das Internationale Komité des Roten Kreuzes hat den Schutz von Theresienstadt übernommen. Dem Vertreter dieses Komités, Herrn Dunant, steht die Führung von Theresienstadt zu. Er hat die unterschriebenen Mitglieder des bisherigen Ältestenrates mit der Leitung der Selbstverwaltung betraut.

In Theresienstadt seid Ihr sicher! Der Krieg ist noch nicht beendet! Wer Theresienstadt verlässt, setzt sich allen Kriegsge – fahren aus.

Theresienstadt hat die Betreuung der Märtyrer aus der kleinen Festung übernommen. Das verlangt vermehrte Arbeitsleistung, die auch zur Vorbereitung der Rücktransporte notwendig ist. Es muss weiter gearbeitet werden! Wer die Arbeit verweigert, darf einem Rücktransport nicht eingereiht werden.

Der Postverkehr ist nunmehr ohne Zensur und sonstige Be – schränkung in jeder Sprache gestattet. Zur Einleitung dieses Verkehrs wird jeder Einwohner von Theresienstadt, der es wünscht, eine frankierte Postkarte erhalten, sobald solche in genügender Zahl zur Verfügung stehen werden.

Es werden Zeitungen angeschafft und öffentlich angeschlagen werden.

Die schweren Krankheiten, die augenblicklich hier noch herrschen, machen eine strenge Einhaltung der Quarantäne-Vorschriften notwendig. Darum haltet sie genauestens ein!

Nach Beendigung des Krieges werden die Rücktransporte raschestens beginnen und nach Maßgabe der von der Regierung zu erlassenden Vorschriften durchgeführt werden.

Haltet Ruhe und Ordnung! Helft uns bei der Arbeit, die Eure Rückreise ermöglichen soll! Geht jeder der ihm zugewiesenen Arbeit auf seinem Platze nach !

Dr. Leo Baeck, Dr. Alfred Meissner, Dr. Heinrich Klang, Dr. Eduard Meijer

Theresienstadt, am 6. Mai 1945.

Aufruf des Ältestenrates vom 6. Mai 1945.
IGDJ: Nachlaß Felix Epstein, 45.054-13.

23. April:

Man kommt aus dem Grauen nicht mehr heraus. Seit Tagen kommen Rücktransporte von Juden aus allen KZ-Lagern. Menschen, die vor Monaten von hier abtransportiert wurden, Tausende und Abertausende strömen zurück, teils in offenen Güterwagen, wochenlang unterwegs, teils zu Fuß, ein solches Bild des Jammers, das man im Leben nicht mehr vergißt.

Es werden mindestens 30.000 arme Juden erwartet. Wo werden sie alle untergebracht, und wie können sie alle verpflegt werden? Die Kasernen müssen alle plötzlich geräumt werden und alle Menschen in den Privathäusern, auf Böden usw. zusammengepfercht werden. Und was ist mit denen geschehen, die nicht zurückgekommen? Lina, Frau Martienssen, Frau Kahn und hundert andere lieber alter Freunde.

Und der Krieg wütet weiter. Im krassen Gegensatz dazu fuhren vor zehn Tagen 400 Dänen, von ihrem König angefordert, mit weißen Rote-Kreuz-Omnibussen von hier fort, sollen aber nur bis Bodenbach gekommen sein, da alle Straßen verstopft sein sollen.

Gestern hing folgender Anschlag in allen Kasernen, der wohl nur eine Beruhigungspille für die aufgeregten Gemüter bedeutet:

Erklärung des Ältestenrats 6. und 21. April

Diese Erklärung besagt, daß das jüdische Siedlungsgebiet Theresienstadt weiterhin der Unterstützung durch das Internationale Rote Kreuz in jeder Hinsicht gewiß bleiben darf. Herr Dunant ist mit der ständigen und unmittelbaren Bearbeitung sämtlicher mit der Hilfeleistung für Theresienstadt zusammenhängender Fragen [befaßt].

5. Mai:

Waffenstillstand!!!

Endlich hat das Morden ein Ende, und wir sehen der endlichen Befreiung nach 2 3/4 Jahren Gefangenschaft entgegen. Es ist wie ein Wunder, aus dieser Hölle lebend herauszukommen.

Jetzt werden zuerst die Franzosen, dann die Holländer, danach die Tschechen abtransportiert. Letztere machen heute größere Umzüge durch die Stadt mit Flaggen der Landesfarben, rot, blau, weiß. Die Begeisterung kennt keine Grenzen. Wir armen deutschen Juden sind sehr im Hintertreffen und wissen vorläufig nicht, wann und wohin. Ich muß auf Nachricht und Abruf der Kinder warten, die, Gott geb's, gesund sind, sodaß ich bald von ihnen höre!!!

10. MAI:

Bis heute waren immer noch Schießereien und Bombenabwürfe, um die Deutschen, die sich in der nächsten Umgebung von Theresienstadt versteckt gehalten, aufzustöbern und gefangenzunehmen. Die Hochstimmung der Tschechen kennt keine Grenzen. Sie fahren in Rudeln heim. Auf dem Marktplatz ist ein Radiowagen und die Jugend tanzt nach tschechischer Musik.

Wir werden auch bald Richtlinien über unsere Heimreise bekommen. Wenn ich nur wüßte, wo die Kinder und ob sie gesund sind. Auf der Kirche weht die Rote-Kreuz-Fahne und auf der Kommandantur die Sowjetflagge. Man hört alle Sprachen der Welt und sieht Autos aus allen Ländern. Es läßt sich nicht schildern, was man in diesen Tagen hier erlebt. Der Waffenstillstand wurde offiziell in der Nacht zum 9. Mai unterzeichnet.

21. MAI:

Schon sind die ersten amerikanischen Reporter da, so z.B. Klaus Mann[107]. Mehrere amerikanische Soldaten waren hier, ihre Eltern zu suchen. Leider sind die Menschen gestorben oder nach Polen abtransportiert, wo sie elendiglich zugrundegingen. Jetzt warte ich mit Spannung und größter Sehnsucht auf ein Lebenszeichen von den Kindern.

26. MAI:

Seit heute sieht man in den Straßen für grobe Schmutzarbeit Männer und Frauen der Partei mit großem Hakenkreuz auf dem Rücken und geschorenem Scheitel[108]. Für uns eine große Genugtuung, aber ein schauriger Anblick.

Auf der Bank zahlte man mir mein Sperrkonto in Tschechenkronen aus, 800 Kronen. Mittags gab es nach langer Zeit grünen Salat und zwar 2 Köpfe pro Person. Ich glaube nicht, daß man in Deutschland so verpflegt wird wie momentan hier.

4. JUNI:

Heute bekamen wir etwas nie Dagewesenes, jeder 2 Eier.

---

107   Sohn des Schriftstellers Thomas Mann, der als amerikanischer Soldat und Kriegskorrespondent nach Theresienstadt gekommen war. Vgl. Klaus Mann, Der Wendepunkt. Ein Lebensbericht. Gütersloh 1960, S. 492 f.

108   Strafmaßnahmen für die SS und deren Helfershelfer, sofern sie aufgegriffen wurden.

27. Juni:

Nun ist der erste Hamburger Transport gestern, am 26., morgens um 5.30 Uhr abgegangen. Circa 200 Menschen in offenen Lastwagen. Sie durften nur wenig Gepäck mitnehmen, was mich veranlaßte, auf den zweiten Transport zu warten, der zwischen dem 6. und 10. Juli stattfinden soll. Man soll von hier bis Hamburg vier Tage unterwegs sein. Übernachten soll man auf Heu- und Tanzböden, wo man auch etwas Warmes zu essen bekommt. Wer keine Verwandten in Hamburg hat, kommt in ein Heim in Wandsbeck, bis er eine Unterkunft gefunden.

Daß ich bis jetzt kein Lebenszeichen von den Kindern habe, ist mir unbegreiflich und beunruhigt mich sehr.

28. Juni:

Letzte Nacht um 11 Uhr kam ein junger Mann, um Frau Lüllemann und mir zu sagen, daß ein Sonderomnibus nach Hamburg am anderen Morgen um 8 Uhr abführe. Wir müßten aber um 7 1/2 Uhr mit dem Gepäck abfahrbereit in der Magdeburger Kaserne sein. Wir ließen das Gepäck von Polen fortbringen, was 20 Kr. gekostet. Ich wurde zur Transportleitung gerufen, ob ich nicht lieber nach Berlin wollte, da die Kinder mich angefordert haben. Die erste Nachricht seit 1/2 Jahr, die alte Adresse, also nicht ausgebombt. Ich bin überglücklich. Und doch gehe ich zuerst nach Hamburg in der Hoffnung, etwas von früheren Werten zu retten.

Wir saßen von 7 1/2 bis 2 Uhr wie arme Auswanderer auf unserem Gepäck. Schließlich wurde gesagt, wir müßten wieder nach Hause, da der Autobus ausgeblieben. Wieder das Gepäck unter denselben Kosten zurück und die große Enttäuschung.

Am 10. Juli sitze ich nun immer noch hier. Außer Berlin und Hamburg ist alles fort. Theresin wie ausgestorben. Die ganzen grausigen drei Jahre wie ein Spuk. Was wird die nächste Zukunft bringen?

11. Juli:

Heute früh um 8 Uhr sind die Menschen fort, die direkt ins Ausland wollen. Sie kommen nach Deggendorf in Niederbayern in ein Lager, wo sie ihre Ausreise abwarten. Um 9 Uhr ging ich mit Frau Wolff und Frau Lüllemann nach Leitmeritz, zum ersten Mal als freie Menschen. Eine herrliche Chaussee mit Obstbäumen, die unter ihrer Last

Rückführung der Gefangenen in ihre Heimat.
Gedenkstätte Terezín: A 7060.

brachen. Leitmeritz ist ein wunderhübsches Städtchen mit schönen Bauten und einem prunkvollen Dom. Auf dem Rückweg, der 3/4 Stunden dauert, pflückten wir Rhabarber, schwarze Johannisbeeren und Äpfel in rauhen Mengen. Woher aber den Zucker nehmen? Jedenfalls war der erste und wohl einzige Ausflug von Theresienstadt sehr lohnend.

17. Juli:
Eben kommt ein Brief von Edith, Reinhard und Renate, nach 6 Monaten das erste Lebenszeichen. Mein Glück ist unbeschreiblich, denn ich hatte mir die grausigsten Gedanken gemacht, besonders über Nucki[109], die ich in Polen und tot geglaubt.
Der l. Gott hat uns in diesen schweren Jahren beschützt. Nun fahre ich natürlich nach Berlin. Hoffentlich bald!!!

1. August 1945
Nun habe ich nach vier Jahren das erste Lebenszeichen von Inge und Edgar und zwar kam gestern ein Kabel mit bezahlter Rückantwort, die heute schon abging. Morgen kann ich schon einen Luftpostbrief abschicken. Ich bin doch eine gottbegnadete Mutter.

Heute, 10. August, Abreise nach Berlin. Um 9 Uhr einwaggoniert, Abfahrt 4 Uhr. Ankunft in Berlin, Görlitzer Bahnhof, Sonnabend, den 11. August.

Freitag, 10. August:[110]
An diesem Tage war unser Abtransport nach Berlin, der erste und einzige mit direktem Zug von Theresienstadt nach Berlin. Um 1/2 9 Uhr früh begann die Einwaggonierung. Ich kam mit 7 Personen, darunter nur ein Herr, in ein sehr anständiges III. Klasse Coupée, wo allerdings ein Fenster vollkommen fehlte und es dauernd hineinregnete.
Mittags bekamen wir eine Fleischgulaschsuppe und eine Buchtel. Als Reiseproviant wurde in den Zug gereicht: 1 Schwarzbrot und 1 Weißbrot, 1 Dose Hachez, 1/2 Pfund Margarine und ein Stück Wurst.
Um 4 Uhr fuhren wir ab, blieben schon in Bauschowitz bis 8 Uhr

---

109 Kosename für die Enkelin Renate.
110 Diese und die folgende Eintragung wurden vermutlich nach der Ankunft in Berlin gemacht.

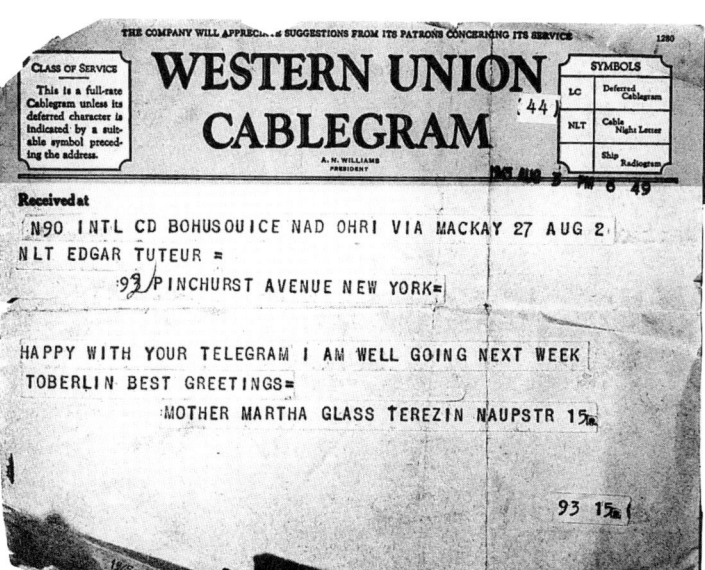

Telegraphische Antwort von Martha Glass an ihre Kinder in New York.

StaHH: 622-1 Familie Glass 1943-1945, 4.

Dt.: Glücklich über Euer Telegramm. Mir geht es gut. Nächste Woche fahre ich nach Berlin. Beste Grüße, Mutter Martha Glass, Theresienstadt, Hauptstr. 15.

stehen, da keine Lokomotive da war. Dann ging es, natürlich ohne Licht, langsam in die Nacht hinein. Leider sah man von der schönen Elblandschaft garnichts mehr. Wir richteten uns, so gut es ging, zum Schlafen ein. Um 9 Uhr am 11. August fuhren wir in das von Bomben grauenvoll verwüstete Dresden ein, wo wir fabelhaft empfangen wurden. Jeder bekam zwei Cigaretten, herrliches Malzbier. Man hatte uns am Abend vorher erwartet, wo wir mit Suppe bewirtet worden wären.

Dann zottelte der Zug mit seinen 700 Insassen, darunter viele Schwerkranke, weiter, mit unendlichem Aufenthalt an allen Stationen und immer bei strömendem Regen. Noch eine Nacht mußten wir im Zug verbringen, da man nicht im Dustern in Berlin ankommen wollte und die Menschen nicht hätte in die Iranische Straße[111] expedieren können. So blieb der Zug auf einem toten Gleis in einem Vorort stehen. Die Nacht war scheußlich kalt und Regen, und meine Decken und Kissen hatte ich schon eingepackt.

Sonntag, den 12. August, fuhren wir in Berlin ein und kamen auf dem Görlitzer Bahnhof an. Nach kurzer Zeit sah ich Edith und Reinhard, die schon den ganzen vorherigen Tag auf dem Bahnhof vergebens gewartet hatten. Das Wiedersehen war erschütternd. Sie hatten mich tot geglaubt, und bei ihnen hätte es ebenfalls sein können bei allem Schrecklichen, das in Berlin vor sich ging. Auf einem offenen, mit zwei Pferden bespannten und Bänken bestellten Lastwagen fuhren wir durch Berlin, wo ganze Straßenzüge wegrasiert sind und das einen schrecklichen Anblick bietet. Sehr gut kamen wir zum Wittenberg-Platz; von dort mit der Untergrund zum Reichskanzlerplatz und von da die paar Schritte nach Hause.

Renate empfing mich, eine große bildschöne junge Frau, die sich 2 1/2 Jahre versteckt gehalten hatte. Jetzt bin ich geborgen, von Liebe und Sorgfalt umgeben, ein Zimmer ganz allein für mich, eine unbeschreibliche Lagerstatt. Es kommt mir alles vor wie ein Märchen und die drei Jahre Gefangenschaft wie ein böser Traum.

---

111 Vorläufige Unterkunft für jene, die in Berlin nicht bei ihrer Familie unterkommen konnten.

30. AUGUST:

Heute bekamen wir, oh Wunder, den ersten Brief nach vier Jahren von Inge, überbracht von einem Kaplan Klein, erst am 20. August geschrieben. Am Sonnabend können wir dem Herrn unsere Antwort mitgeben. Das Ingelein schreibt so ausführlich von ihrem Leben und allem, was uns interessiert, daß mir jetzt wieder ist, als wären wir nie getrennt gewesen. All die Schreckensjahre sind vergessen, bald werden wir wohl regelmäßig voneinander hören können.

11. SEPTEMBER:

Heute ist E'leins 41. Geburtstag und wir haben ihn im engsten Familienkreise, nur Mutter und Hedi[112] waren unsere Gäste, sehr gemütlich verbracht. Trotz der schweren Zeiten wurde Edith schön beschenkt, von Reinhard ein sehr schönes Kleid, von Renate die »Buddenbrooks«[113] und 1 Paar Seidenstrümpfe, von Mama Ansteckblumen, von Hedi einen Schlüpfer, von mir ein in Theresienstadt erstandener Perlbeutel und von allen Seiten herrliche Blumen, die momentan unerschwinglich sind. Zum Tee gab's gefüllte Hörnchen und eine Stachelbeertorte und abends Kartoffelsalat und Sülze. Plötzlich erschien ein amerikanischer Soldat mit einem Paket für mich von Inge und Edgar, worüber wir alle uns unbändig gefreut. Folgender Inhalt: 1 Pfund Fischklöße, 1 Pfund Nußöl, 1/2 Reis, 1/2 Pfund Tee, 1/2 Pfund Chokolade, 1/2 Pfund Cakao, 3 kleine Dosen Cornedbeef, 2 Stck. Kernseife, 1/2 Trockenmilch. Alles unglaublich wertvolle, hier seit Jahren nicht mehr vorkommende Sachen, die uns allen sehr nötig sind. Daß sie gerade am Geburtstag eintrafen, löste besondere Freude aus. Ich bin so glücklich, wenn ich armes Luder was mit zum Hausstand beisteuern kann.

26. SEPTEMBER:

Heute kam schon wieder ein Brief von Inge und Photos von sich und Edgar. Sie hat sich gar nicht verändert bis auf die Frisur, die sie ganz streng und ohne Locken trägt. Sie und Edgar haben stramm zu arbeiten, verdienen aber auch gut, so daß sie Ferien und Wochenendreisen machen können und rührenderweise Pakete für uns immer wieder avisieren.

---

112 Mutter und Schwester von Reinhard Benecke.
113 Roman von Thomas Mann.

SONNTAG, DEN 21. OKTOBER:

Gestern feierten wir Mutter Beneckes 78. Geburtstag bei uns, da wir ihr eine warme Stube bieten konnten. Die Geburtstagstorte brachte sie mit. Mutter wurde prachtvoll beschert, lauter nahrhafte Sachen, ein Riesenkaninchen u.a. Ich verehrte ihr eine Tüte Trockenmilch und Cakao. Heute erschien Herr Feibel wieder mit einem Paket von Inge und einem größeren Bild von Inge und Edgar, Edgar zu dick und Inge sehr unkleidsam frisiert.

Das Paket enthielt 1 Paket Spaghetti, 3 Suppenpakete, 1 Dose Milchkakao, 1 Schachtel Schokoladenkügelchen, 1 Paket Frühstücksfarin[114], 1 Paket Mandeln. Die Freude bei uns armen Hascherl ist immer riesengroß.

25. OKTOBER:

Seit heute, 1/2 Jahr nach dem Waffenstillstand, kann man innerhalb Deutschlands wieder korrespondieren, worauf die Menschen mit Sehnsucht gewartet haben.

Am 8. November kamen von Inge drei Pakete mit fabelhaftem Inhalt: Hemdchen, Höschen, Socken, Nähgarn, Handschuhe, 1 Dose Pflanzenbutter, Schinken und anderes Fleisch in Dosen, Tomatenpurée, 1 Schachtel Käse, Leberwurst, Sardellenringe, 1 Pfund Puderzucker, 1 Pfund Dextropur, Kartoffelpulver, Reis, Maizena, Vitamintabletten, verschiedene Puddingpulver, Rosinen, 2 Tafeln Chokolade, Cigaretten, 3 Stück Seife, Seitenkämmchen.

»Selbst das größte Gefühl wird klein, wenn es sich auftut mit großen Worten. Ein bißchen Liebe von Mensch zu Mensch ist mehr als alle Liebe zur Menschheit.«

Aus »Menschenfreunde« von Richard Dehmel.

---

114   Bezeichnung für Zucker.

───── Martha Glass in New York.

ANHANG

Geburtstage

Veranstaltungen, die Martha Glass besucht hat[1]

13.06.43   *Figaros Hochzeit* (Mozart) – Magdeburger Kaserne, konzertante Aufführung. Am Flügel: Rafael Schächter.

17.06.43   *Ledeč- Quartett* mit Haydn und Beethoven.

20.08.43   *Vortrag Kurt Singer:* »Die Komponisten als Schöpfer und Menschen«, mit Beispielen am Flügel: Bach, Händel, Mendelssohn-Bartholdy, Beethoven, Mozart, Bruckner.

10.09.43   *Vortrag Kurt Singer:* »Musik als Erlebnis«.

15.09.43   *Ledeč- Quartett* im Kaffeehaus: Beethoven und Haydn.

19.09.43   *Cavalleria Rusticana* (Mascagni) und *Aida* (Verdi), 2. Akt. Die Aufführung fand im Hof der Magdeburger Kaserne statt. Einstudierung: Karl Fischer. Chor und Solisten wurden von einem Bandoneon begleitet.

19.10.43   Kaffeehaus: *Kurt Meyer*, Klavier, *Otto Sattler*, Geiger, *Annie Frey*, Gesang

15.01.44   Klavierabend mit *Bernard Kaff:* Chopin und Liszt, Sonaten A-Moll.

30.01.44   Besuch im Kabarett von *Leo Strauss.*

08.02.44   *Der Schlachtenlenker* (G.B. Shaw)

26.03.44   *Der Talisman* (Ludwig Fulda) – Lesung mit verteilten Rollen.

01.04.44   *Nathan der Weise* (Lessing) – Lesung mit verteilten Rollen.

23.04.44   *Die Schöpfung* (Haydn) – Einstudierung *Karl Fischer*. Chor und Solisten wurden von *Renée Gärtner-Geiringer* am Flügel begleitet.

30.04.44   *Wiener Dichter-Nachmittag:* Werke von Hugo von Hofmannsthal, Richard Beer-Hofmann, Peter Altenberg, Felix Salten, Arthur Schnitzler: Comtesse Mizzi.

08.07.44   *Cyrano de Bergerac* (Edmond Rostand) – in der Übersetzung von Ludwig Fulda, Lesung mit verteilten Rollen.

14.07.44   *Platzkonzert der Stadtkapelle*, Leitung: *Carlo S. Taube* und *Peter Deutsch.*

15.07.44   Kabarett *Karussell*, Leitung *Kurt Gerron*, am Flügel: *Martin Roman.*

27.07.44   *Faust II* (Goethe) – Lesung mit verteilten Rollen.

12.08.44   Klavierabend mit *Alice Herz-Sommer:* 24 Chopin-Etuden.

29.08.44   *Elias* (F. Mendelssohn-Bartholdy) – Einstudierung: *Karl Fischer*. Chor und Solisten wurden an zwei Flügeln begleitet.

16.03.45   Klavierabend mit *Edith Steiner-Kraus:* Bach.

17.03.45   *Der Kammersänger* (F. Wedekind).

---

1   Die Rollen waren zumeist doppelt besetzt wegen möglicher Deportationen. Noten wurden zum Teil über den Leiter der Bauabteilung beschafft; dieser besaß einen Passierschein, um Baumaterial ins Ghetto zu holen.